오래가는 브랜드의 생각법

∞

오래가는 브랜드의 생각법

초판 1쇄 발행 2023년 11월 25일

지은이 이랑주
펴낸이 김보경
편집   김지혜
디자인 박대성
마케팅 권순민
홍보   송성준
제작   한동수

펴낸곳 (주)지와인
출판신고 2018년 10월 11일 제2018-000280호
주소 (04015) 서울특별시 마포구 포은로 81-1, 에스빌딩 201호
전화 02)6408-9979 FAX 02)6488-9992 e-mail books@jiwain.co.kr

ⓒ 이랑주, 2023
ISBN 979-11-91521-29-0 03320

좋아하는 일을 오래 하고픈 이들이 알아야 할 7가지

∞

Branding

오래가는
브랜드의
생각법

이랑주 지음

∞

지와인

prologue

좋은 것을 만들었는데,
오래가지 않는다면

언젠가 화려한 상점들이 즐비한 거리를 걷고 있었다. 그 거리에 어울리지 않는 오래된 분위기의 가게가 하나 있었다. 가게 입구에는 호른 모양의 로고가 그려져 있었다. 미술용품을 파는 화방이었다. 들어가니 아름다운 색깔의 물감들이 하나씩 진열되어 있었다.

자세히 들여다보니 물감들은 이 화방에서 직접 만든 것이었다. 세계 어디에서도 볼 수 없는 이 화방만의 색이 담긴 물감들이었다. 물감을 보고 돌아서니 한쪽에는 스케치북들이 가득 꽂혀 있었다. '같은 제품을 왜 이렇게 많이 구비해뒀을까?' 이런 생각에 들쳐 보니 각 스케치북마다 사용한 종이가 달랐다. 이곳은 100년 된 화방 겟코소月光荘, gekkoso이다.

화방의 창업자는 평소에 알고 지내던 시인에게 가게 이름을 지어달라 청했다. 그리고 "당신은 달처럼 주위를 비추고 있다"라는 구절을 건네받았다. 그 시 구절에서 화방의 이름 '달빛이 있는 곳'

이 탄생했다. 화려한 도시 도쿄의 한복판에서 겟코소는 오랜 세월 예술가들이 모이는 소중한 장소로 은은히 빛났다. 예술가들이 추구하는 아름다움을 보여줄 수 있는 좋은 물건을 만든다는 자신의 본질에 맞게, 다른 물감 브랜드에는 없는 색깔의 물감을 손수 만든다. 그리고 그 빛깔을 다채로운 느낌으로 보여줄 수 있도록 다양한 종이 재질을 사용한 수제 스케치북도 만든다. 겟코소는 물감과 스케치북만이 아니라 팔레트, 가방 등 예술가에게 필요한 물건들을 직접 만들어왔다.

그 결과 전 세계 예술가들이 모이는 프랑스에서도 인정하는 독특하고 아름다운 색깔들을 만들어냈다. 해외의 예술가들은 도쿄에 오면 이 화방에 들러 미술용품들을 구매해 간다. 작은 화방으로 시작해 100년 동안 오로지 화방으로만 존재하면서 전 세계 예술가들이 작품을 만드는 데에 꼭 필요한 존재가 되었다. 이 화방을 상징하는 로고가 '호른'인 것은 친구를 부르는 소리를 내는 악기이기 때문이다. 겟코소는 모든 예술가들의 친구이고, 네가 원하는 물건이 여기에 있다고 알려주는 의미를 담고 있다.

화려한 도시 도쿄의 한복판에서 겟코소는 오랜 세월
예술가들이 모이는 소중한 장소로 은은히 빛났다.
예술가들이 추구하는 아름다움을 보여줄 수 있는
좋은 물건을 만든다는 자신의 본질에 맞게
다른 물감 브랜드에는 없는 색깔의 물감을 손수 만든다.

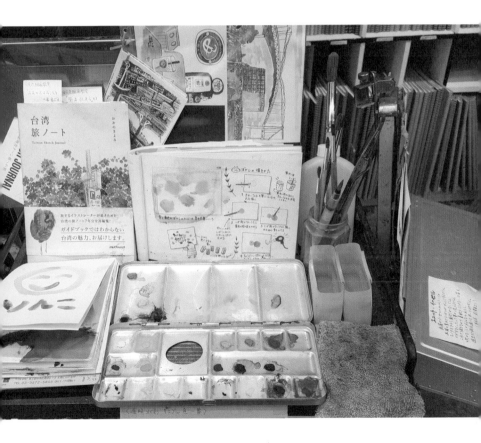

평생 고객을 만드는 7가지 단계

이제는 겟코소처럼 존재해야 생존할 수 있는 시대가 되었다. 변화의 속도가 빠르고 소비 방식이 다변화된 시대지만, 한순간 반짝이는 별이 되고 싶은 사람은 아무도 없다. 누구나 자기만의 빛을 내면서 계속 반짝이는 별이 되기를 바란다. 공들여 가게를 열고, 열심히 노력해 제품을 만드는 이들의 마음속에는 '오래 사랑받았으면 좋겠다'는 간절한 소망이 있다.

그런데 오래가는 일이 왜 그토록 어려울까. 수많은 사람들에게 이와 같은 질문을 들었다. '어떻게 하면 고객들을 계속 만족시킬 수 있을까요?' '어떻게 하면 오래도록 이 일을 할 수 있을까요?' 『좋아 보이는 것들의 비밀』에 이어 『오래가는 것들의 비밀』이라는 책을 냈던 것은, 이 질문에 대한 실용적인 답이었다.

세월이 흘러도 여전히 사람들로부터 사랑받는 제품과 기업들을 세심히 살펴보자. 또한 막 시작했음에도 불구하고 '아, 이곳은 오래 살아남겠다'라는 신뢰가 드는 곳들을 들여다보자. 고급 명품 브랜드부터 몇백 년 된 전통시장에 이르기까지, 전 세계 수많은 기업들부터 동네 골목의 작은 가게들까지, 오래간다는 것은 자신만의 본질을 갖고 지속적으로 시대와 호흡하려 노력한다는 의미다. 그리고 이런 노력을 반드시 '눈에 보이도록' 한다. 보이지 않는 노력을 사람들에게 가닿게 하기란 쉽지 않다.

100년이 넘게 '티파니 블루'라는 색으로 전 세계 여성들의 로망으로 자리 잡은 티파니처럼, 반세기 동안 국민 모두의 음료가 된 바나나맛우유의 단지 모양처럼, 남들은 모방할 수 없는 자기만의 가치가 있고, 그 가치를 보여주는 자기만의 방식이 있으며, 그 방식을 새롭게 태어나는 고객들의 마음에 지속적으로 스며들도록 노력하는 곳만이 오래 살아남는다.

그렇다면 자기만의 가치는 어떻게 찾을 수 있으며, 그 가치를 보여주는 '자기만의 방식'은 어떻게 만들 수 있는가? 그 방식을 시대에 맞게 어떻게 지속하며 변화해갈 것인가? 이것이 바로 브랜드가 된다는 것이고, 이 책은 자신을 브랜드로 만들어가는 7가지 생각법을 정리한 책이다. 브랜드가 된다는 것은 자신의 가치가 사람들의 마음 깊이 들어가, 잊히지 않는 기억이 되는 과정이다. 이 과정의 핵심 법칙을 요약하면 다음과 같다.

첫째, 1000개를 상상하자. 내가 하는 일이 1개가 아닌 1000개라고 생각하면, 반드시 '이것이어야만' 하는 이유를 찾을 수 있다. 내 가게의 스푼 색깔 하나부터 고객에게 보내는 이메일의 제목까지. 자기가 하는 모든 일에 공통된 '기준'이 있고, 이 기준을 세심하게 지켜나갈 때 사람들은 당신을 오래 기억한다.

둘째, 시간이 빨리 쌓이게 하자. 하나의 분야에서 내공을 쌓는다는 것은 절대적으로 시간에 비례한다. 그러나 사람에게 주어진 시간은 모두 똑같다. 나만의 시간을 더 많이 쌓으려면 자신이 해야 할 일의 범위를 정해야 한다. 그래야 하지 말아야 할 것에 시간을 쓰지 않을 수 있다. 안 해야 할 일을 안 하면, 자기만의 이미지를 만들고 반복해서 고객에게 보여줄 수 있는 시간을 더 많이 벌 수 있다. '반복'하는 것만큼 사람들의 뇌리에 깊이 박히는 일은 없다.

셋째, 자기를 표현하는 고유한 상징을 찾자. '어디서 봤는데?'라는 생각이 드는 건 결국 어디서 본 것에 지나지 않는다. 남들은 흉내 낼 수 없는 자기만의 상징이 분명하면, 오히려 다른 비슷한 것을 보고 '나'를 떠올리게 된다. 색상, 로고, 캐릭터 등 사람들에게 전달되는 이미지는 오로지 '내 것'에서 나와야 한다.

넷째, 무의식까지 설계하자. 향수 가게에서 팔아야 할 것은 '향수병'이 아니라 사실은 '향기'다. 이 향기를 어떻게 사람들에게 매혹적으로 보여줄 것인가. 그렇게 생각하면 눈에 보이지 않는 향기도 보이게 할 수 있다. 촘촘한 비주얼 설계가 사람들의 무의식에까지 나의 가치를 각인시킨다.

다섯째, 내 제품의 고향을 찾아주자. 오래가는 것들도 처음에는 다 신출내기였다. 그러나 자기 제품의 뿌리를 찾아내고, 그것을 보여주는 노력이 결국 '원조'가 되게 한다. 자기만의 기원을 찾겠다는 발상이 있는 곳만이 유행과 변화를 이겨내고 사람들에게 인정받는 곳이 된다.

여섯째, 처음 본 사람의 시선을 따라가자. 고객 중에서 가장 신경 써야 할 사람은 누구일까. 바로 '처음 접하는 사람'이다. 내 제품을 처음 써보고, 내 가게를 처음 온 사람이 가장 '좋아할 것'이 무엇인지 끊임없이 생각해야 한다. 그들의 시선이 어디에 머물고, 그들이 무엇에 환호하는지 예민하게 살펴야 한다. 그래야 사람들이 공유할 '단 하나의 이미지'를 찾아내고 만들 수 있다.

일곱째, 촘촘하게 스며들자. 디지털보다 아날로그가 결국 힘이 센 것은 아날로그가 주는 직접 경험이 사람들의 기억에 더 깊숙이 스며들기 때문이다. 사람들이 눈으로 보고, 만져보고, 대화하고, 사용해본 것만큼 강력한 기억은 없다. 그러려면 아날로그에서의 경험이 매우 촘촘하게 설계되어 있어야 한다. 앞으로 오프라인에서 사람들과의 만남을 촘촘하게 설계하는 곳만이 살아남을 것이다.

누구나 팬이 되고 싶은 마음이 있다

일본의 크리에이티브 디렉터 미즈노 마나부는 이미 제품의 질로 차별화하는 시대가 아니며, 브랜드의 힘으로 차별화해야 한다고 말한다. 좋은 물건을 만들어도 팔리지 않는 시대가 되었다. 하지만 사람들은 무엇인가를 계속 사긴 산다. 그리고 한번 마음을 주면 '그것'에만 몰두한다. 사람들은 싫증을 잘 내기도 하지만 꾸준히 마음을 줄 대상을 찾기도 한다. 사람들은 누구나 '의미 있는 존재'가 되고 싶어 하기 때문이다. 소비라는 행위도 마찬가지다. 자신이 사는 것이 하찮은 볼펜에 불과해도 그 볼펜에 열광하는 팬이 되고 싶고, 자신이 가는 카페가 다른 카페마다 훨씬 멀어도 그곳에만 가는 분명한 이유가 있다. 즉, 파는 사람도 오래 팔고 싶은 마음이 있지만, 사는 사람도 '평생 고객'이 되려는 마음이 있다. 그 마음과 마음이 만나게 하는 일이 바로 브랜딩이다.

또한 이 사이의 커뮤니케이션이 깊어질 수 있도록 세심하게 컨트롤 하는 역량이 중요하다. 노포들을 보면 자기 고객들과의 관계가 오래되었지만 낡지 않고 살아있으며 촘촘하다. 반면 화려하게 시작했으나 곧 접는 곳들을 보면 새로워 보이긴 하나 관계가 얕고 일시적이다.

2019년에 냈던 『오래가는 것들의 비밀』을 다시 손보아 이 책을 출간한다. 코로나팬데믹을 겪고 난 이후 브랜드의 중요성에 대한 관심이 더욱 높아졌다. 독자들의 변화에 맞추어 흥미롭긴 하나 다소 산만해 보였던 여러 사례 소개를 압축하여 다듬고 브랜딩 설계에 대한 이해를 높이는 데에 중점을 두었다.

좋은 브랜드는 기본적으로 '장기적이고 반복적'이다. 한 번의 만남으로 그치는 고객은 그 브랜드에게 마음을 주지 않는다. 100년 되고, 200년 된 가게들을 잘 살펴보자. 그들은 자신의 고객들을 오늘만 보지 않고 내일도 보고, 1년 뒤에도 보며, 10년 뒤에도 볼 것이라 생각한다. 그것이 엄청난 차이를 만든다. 오늘 새롭게 시작하는 이들에게 '100년은 가겠다'라는 마음을 먹은 적이 있는지 묻는 이유도 이것이다.

당신은 100년을 갈 생각이 있고, 1000개를 만들 생각이 있는가. 이런 질문을 가지고 일을 시작한다면 남들과 다른 자기만의 가치가 분명히 만들어진다. '왜 오래 성공하는 일이 힘든가요?'라는 질문에 대한 답은 '오래가려고 생각하지 않기 때문에 오래가지 않는 겁니다'이다. 사람들이 결국 마음을 주는 곳은 크고 화려한 곳이 아니라 자기만의 빛깔을 계속 내는 곳이다. 그런 고유한 빛깔들이 가득할 때 물건을 파는 사람에게도 물건을 사는 사람에게도 행복한 미래가 있다.

index

prologue

좋은 것을 만들었는데, 오래가지 않는다면

과연 이렇게 하는 게 맞는 걸까?
이런 의문이 들 때, 스스로에게 물어보자.

1개가 아닌
1000개가 되어도 이렇게 할 것인가.

1개가 아닌
1000개를 상상하기

*

브랜드가 되는 것과 되지 못하는 것

*

얼마나 많이 떠올리느냐

가치관을 공유하면 불행을 방지한다

어딜 가나 같은 느낌

32만 5000개의 타일로 이루어진 지붕

1000개를 상상할 때 평생 고객이 만들어진다

당신이 카페를 열었다고 생각해보자. 매장 벽이 허전해 보여서 액자를 하나 걸기로 한다. 액자에 담기는 게 사람들의 마음을 사로잡는 글귀일 수도 있고, 눈길이 절로 가는 그림일 수도 있다. 이걸 걸면 사람들이 우리 카페를 더 좋아할 것 같다. 이제 액자를 사야 한다. 어떻게 할까. 우선 인터넷에서 '액자'를 검색한다. 수많은 액자가 검색된다. 색도 모양도 가격도 천차만별이다. 쉽게 선택하기 어렵다. 액자를 직접 보지 않으니 결정하기 더 어려운 것 같다.

그래서 직접 눈으로 보고 사기 위해 근처 잡화점에 가보기로 한다. 없는 것 빼고는 다 있다는 잡화점에도 수많은 액자가 있다. 적당한 가격대와 디자인의 제품이 몇 개 눈에 띈다. 하지만 덥석 집어 오기에는 뭔가 마음에 걸린다. 매장에 계속 걸려 있을 건데 아무나 쉽게 살 수 있는 걸 사면 안 되지 않을까. 이왕이면 독특한 액자를 거는 게 어떨까.

이번에는 앤티크 제품을 비롯해 고급 액자를 취급하는 가게를 찾아간다. 기대했던 대로 멋진 액자들이 있다. 가격도 꽤 한다. 어떤 게 더 어울릴지 이리 들고 저리 들고 비교해본다. 이렇게 공들여 골라서 들고 온 액자를 드디어 벽에 건다. 이런 멋진 액자까지 걸었으니 사람들이 더 기억해주겠지. 그런데 정말 잘 고른 것일까?

사실 이렇게까지 신경 써서 고르는 경우는 거의 없다. 많은 경우 적당한 가격대의, 크게 유행을 타지 않는 단순하고 깔끔한 스타일의 액자를 고른다. 액자에 들어갈 내용물과 별 이질감 없이 잘 어울리기만 하면 된다는 생각이다. 액자는 여러 소품 중 하나에 불과하다고 여기기 때문이다.

또 다른 경우를 생각해보자. 이번에는 화장실에 고객용 수건을 비치하려고 한다. 어떤 수건을 골라야 할까. 더러움이 눈에 잘 띄지 않게 짙은 색 수건을 고르는 게 낫지 않을까. 그래도 역시 위생적이고 청결한 느낌을 주려면 흰색 수건을 거는 게 좋을까. 아니면 감각 있는 매장으로 보이기 위해 특이한 디자인이나 그림이 그려진 수건을 고를까. 과연 어떤 수건을 선택하게 될까.

답은 '사러 간 사람에 따라 다르다'이다. 대부분 사러 간 사람이 어떤 색깔을 좋아하고, 어떤 취향을 가지고 있느냐에 따라 어떤 수건이냐가 결정된다. 수건 하나 사는 것까지 일일이 의논하고 고민해야 할 필요성을 못 느끼기 때문이다.

그런데 상황을 한번 바꿔보자. 만약 매장이 1곳이 아니라 2곳이면 어떻게 해야 할까. 그보다 더 많아서 10곳이라면, 100곳이라면, 그리고 앞으로 1000곳이 된다면? 당신의 머리가 이제부터는 좀 다르게 굴러갈 것이다. 앞의 방식대로 고른다면 매장마다 각기 다른 색의 액자와 수건이 걸리게 될 것이기 때문이다. 이제야 별거 아닌 액자와 수건이라고 해도 1000개의 매장을 가졌다면 이렇게 선택해서는 안 되겠다는 생각이 든다. 1000개를 상상하는 순간, 1개였을 때는 보이지 않던 산만함이 보이기 시작했다. 적어도 모든 매장이 똑같은 것으로 맞추어야 한다는 생각은 든다.

통일해야겠다는 생각을 하고 나면 그다음 고민으로 넘어가야 한다. '같기만' 하면 되는 것일까. 당연히 찾아오는 사람들이 '좋아할 만한 것'을 갖추어야 할 것이다. 그런데 사람들이 좋아하는 게 무엇일까? 단순한 게 좋을까? 화려한 게 좋을까? 어떤 색이 좋을까? 맨 처음 1개를 살 때의 고민으로 되돌아간 것 같다. 어쨌든 누구의 눈에나 무난하게 괜찮아 보이는 어떤 하나를 정하고 1000개를 똑같이 맞추면 되는 게 아닐까.

아직 질문이 남았다. 만약 옆에 있는 가게도 나와 똑같은 것을 걸면 어떻게 되는 걸까? 이제까지 공들여 고민한 것이 와르르 무너지는 기분이 든다. 문제가 하나도 해결되지 않은 것 같다. 이제야 수건 하나, 액자 하나의 의미가 다르게 느껴진다.

1개가 아니라 1000개를 상상하라는 뜻은 내 고객에게 보이는 것이라면, 아주 사소한 것도 어떤 '기준'이 필요함을 깨닫게 하기 위해서다. 자기만의 기준을 갖고, 디테일하게 움직이는 곳만이 사람들의 마음에 남는다. 1개가 아니라 1000개를 상상하는 것은 바로 이 첫발을 떼기 위해 필요하다.

얼마나 많이 떠올리느냐

액자 하나, 수건 하나까지 어떤 것이어야 하는지, 그 기준을 정해야 하는 까닭은 무엇일까. 기억은 이미지로 저장되기 때문이다. 인간의 뇌는 눈이라는 기관을 통해 들어오는 시각적 정보에 우선적으로 반응한다. 빨리 전달되고, 오래 기억에 남는 것들은 언어적 정보보다는 색, 패턴, 그림, 마크 등 이미지들이다. 이런 이미지 정보들이 달라지면 똑같은 물건도 다르게 느껴진다. 같은 제품인데 포장지의 색깔만 바꾸어도 다른 제품처럼 인식되는 것은 이 때문이다.

그중 색상은 잔상 효과가 특히 높다. 잊어버렸던 기억이 어떤 자극을 받았을 때 다시 머릿속에 떠오르는 효과가 크다는 것이다. 핑크색을 보면 아이스크림 가게 배스킨라빈스가 떠오르고, 초록색을 보면 커피숍 스타벅스가 떠오르는 것은 무엇 때문일까. 이 두 브랜드가 어떤 자극을 받으면 자신들을 떠올릴 수 있는 색상 이미지를 사람들의 뇌에 저장해놓았기 때문이다.

배스킨라빈스는 스푼, 냉장고, 포장상자의 리본까지 핑크색을 반복해서 보여준다. 스타벅스는 로고에서부터 종업원들의 앞치마까지 초록색을 반복 사용하고 있다. 그리고 이 주제 색상을 몇십 년 동안 바꾸지 않았다. 그래서 사람들의 머릿속에 이들 브랜드가 색상으로 깊게 각인된 것이다.

UC 버클리 석좌교수인 데이비드 아커의 '브랜드 진단 방법'이 있다. 데이비드 아커는 하나의 브랜드가 갖고 있는 자산을 4가지로 이야기했다. 얼마나 알고 있느냐(인지도), 얼마나 충성하느냐(로열티), 얼마나 품질에 대해서 확신하느냐(지각된 품질), 얼마나 많이 떠올리느냐(연상 이미지)가 그것이다.

이 네 가지 자산 중에서 가장 중요하게 여겨지는 게 무엇일까. 바로 '연상 이미지'이다. 아무리 그 제품의 품질이 좋아도 이 연상되는 정도가 낮으면 사람들의 마음에 오래 머물기 어렵다. 바로 '좋은 것을 만들었는데 오래가지 않는' 경우가 이에 해당한다. 때문에 수많은 브랜드들이 연상 작용을 강하게 만들기 위해 노력한다.

각 브랜드들이 자신만의 로고를 만드는 이유도 글자가 아닌 이미지가 그 회사의 정체성을 더 잘 각인시키기 때문이다. 피부과 의사가 만드는 화장품이라는 정체성을 갖고 있는 닥터자르트는 회사 이름의 마지막 글자 t를 병원을 연상시키는 십자가 + 모양으로

작은 카페를 열어도 로고를 만들고,
자기 매장만의 주제 색상을 정하려고 한다.
사람들에게 나만의 고유한 인상을 분명히 남겨야만
살아남을 수 있기 때문이다.

쓴다. 십자가 이미지가 닥터자르트의 정체성을 빨리 환기시키기 때문이다.

이처럼 자기 브랜드를 잘 기억하게 할 이미지를 찾고 이를 반복하고 유지할 때, 사람들의 기억 속에 오래 남는다. 각 기업이 비주얼 전략을 세우는 데에 많은 노력을 기울이는 것도 이 때문이다. 이제는 기업만이 아니라 일반인들도 이미지의 중요성을 잘 알고 있다. 작은 카페를 열어도 로고를 만들고, 자기 매장만의 주제 색상을 정하려고 한다. 그런데 문제는 그 이미지가 생각보다 '충분하게' 형성되지 않는 데에 있다. 그 이유는 무엇일까.

우선은 자신이 설정한 이미지가 '보편성'을 갖지 않는 경우다. 쉽게 말해 고객들이 보기에 좋은 액자가 아니라 자기만 보기에 좋은 액자를 걸어놓은 경우라고 할 수 있다. 사람들이 '좋다'고 느끼는 데에는 보편적이고 과학적인 이유가 있다. 사람마다 취향이 다른 것 같지만, 사실 비슷하게 느끼고 생각할 때가 더 많다. 인간은 시각, 후각, 촉각, 청각 등 오감을 통해 받아들이는 정보에 따라 순식간에 호불호를 판단한다. 이 오감을 통해 들어오는 정보인 색상, 빛, 온도, 동선, 각도, 패턴 등은 인간이 오랫동안 사용해온 기호나 언어와 같다. 파란색을 보면 자동적으로 '물'을 떠올리는 것처럼, 각각의 시각적 정보가 갖고 있는 고유한 의미에 따라 사람들은 느끼고 행동하게 된다.

미국의 어느 기업에서 있었던 일이다. 직원들이 제품을 운반하는 데 쓰는 상자가 너무 무겁다고 불평을 했다. 이야기를 들은 사장이 운반 상자를 모두 흰색으로 칠했다. 그 뒤부터 직원들의 불평이 없어졌다. 흰색 상자가 어두운 색의 상자보다 훨씬 더 가볍게 느껴지기 때문이다.

생선을 파란색 포장지 위에 올려놓았을 때와 붉은색 포장지 위에 올려놓았을 때, 어느 쪽이 더 잘 팔릴까? 파란색 포장지에 올려진 생선이다. 파란색은 차가운 느낌을 주기에 더 신선하게 느껴진다. 때문에 사람들은 파란색 포장지 위에 놓인 생선을 더 좋다고 느낀다. 당연히 곡선이 직선보다 부드러운 느낌을 주고, 규칙적인 패턴이 불규칙한 패턴보다 안정적이고 권위적인 느낌을 준다. 이런 보편적인 성질을 생각하지 않고, 자신만 보기에 좋아 보이는 것을 내세우면 문제가 생긴다.

내 제품이나 브랜드가 사람들에게 어떤 의미로 전달되기를 원한다면, 그 의미와 잘 맞아떨어지는 색상, 빛, 패턴 등을 선택해야 한다. 특이해 보이는 것보다는 사람들이 갖고 있는 고정관념을 잘 이용하는 것이 기본이다.

두 번째는 '이유'가 없을 때이다. 카페에 사람들이 들어왔다가 한번 둘러보고는 앉을 자리를 못 잡고 나가버린다. 왜 자꾸 그냥 나가는 걸까. 누군가 지나가는 말로 카페 분위기가 차갑게 느껴져서 그렇다고 말한다. '그렇다면 들어오는 사람들이 안정적이고 따뜻한 기분을 느낄 수 있게 만들어야겠다'라고 생각하며 매장 한쪽 벽면을 따뜻한 느낌을 주는 노란색으로 칠한다. 의자마다 포근한 쿠션도 준비한다. 그래도 별 효과가 없다.

카페 전체에 따뜻한 느낌을 주고 싶어서 매장을 노란색으로 칠했다면, 왜 수많은 따뜻한 색 중에 하필 노란색인지 이유가 있어야 한다. '우리 카페는 동화가 주는 따뜻한 느낌을 사람들에게 전하고 싶다. 우리 카페의 바닥이 노란색인 이유는 『오즈의 마법사』에 나오는 노란 벽돌길yellow brick road을 재현한 것이다.' 이런 이유가 있으면 매장 벽면 색부터 의자의 쿠션까지 동일한 콘셉트 아래에서 변화를 줄 수 있다. 당연히 이 매장 안에는 『오즈의 마법사』의 노란 벽돌길 일러스트가 어딘가에 붙어 있어야 할 것이다.

이렇게 하기 위해서는 '카페를 따뜻한 분위기로 만들고 싶다'는 이유가 분명해야 하고, 내가 전달하고 싶은 따뜻함이 어떤 따뜻함인지 생각이 구체적으로 정리되어야 한다. 가정집과 같은 편안한 따뜻함인지, 어린아이들의 물건에서 느껴지는 순수한 따뜻함인지 생각해야 한다.

구체적인 이유를 갖고 있어야만 찾아오는 사람들에게 그 느낌이 전해진다. 그렇지 않으면 매장의 색을 바꾸고, 소품을 바꾼다고 해도 그 이미지가 사람들의 무의식까지 파고들지 못한다. 구체성을 갖고 있지 않은 이미지는 사람들의 뇌 속으로 들어가지 못한다.

세 번째는 그것이 '반복'되지 않기 때문이다. 만약 카페의 로고로 노란 토끼를 만들었다면, 그 노란 토끼가 주요한 곳들에서 노출되어야 한다. 간판에만 노란 토끼가 있는 게 아니라, 손님들이 보는 메뉴판에서도 보이고, 매장에 걸린 액자 속에도 노란 토끼가 있어야 할 것이다. 그러면 화장실에 걸리는 수건의 색은? 당연히 노란색이 되는 것이다. 노란 토끼 로고라는 시각적 정보가 화장실에 걸린 폭신한 노란 수건의 촉감으로 이어질 때, 사람들은 이 매장을 더 잘 기억하게 된다.

기억되고 싶으면 반복하고, 연결해야 한다. 그렇지 않으면 아무리 벽에 노란 토끼 그림을 크게 그려놓아도, 그것이 사람들의 기억에 남지 않는다.

사람들의 뇌리에 파고드는 보편성, 구체성, 반복, 이 세 가지 요소를 하나의 질문으로 바꾼 것이 '1개가 1000개가 된다면'이다. 1개가 1000개가 되어도 좋을 만큼 보편성을 갖고 있고, 내 브랜드를 구체적으로 설명하며, 다른 요소들과 함께 반복되는가. 이런 기준을 갖고 선택된 것은 쉽게 흔들리지 않고 강하게 유지된다.

가치관을 공유하면
불행을 방지한다

1개가 아닌 1000개가 된다는 것은 자기 브랜드의 콘셉트가 구성원 모두에게 촘촘하게 스며든다는 뜻이다. 아르바이트생부터 사장까지, 누가 사러 가도 똑같은 액자와 똑같은 수건을 사 오게 된다는 것이다.

우리 매장의 주제 색상을 파란색으로, 보조 색상을 흰색과 갈색으로 정했다면, 액자, 수건, 청소용 솔까지 매장 안 모든 물건의 색상이 이 범위 내에서 결정되어야 한다. 구성원 모두가 자기 브랜드에서 사용되는 색상의 범위를 알고 있다면, 누가 사러 가느냐에 따라 선택하는 물건이 달라지는 일은 벌어지지 않는다.

그런데 자기 브랜드의 이미지 콘셉트가 구성원 모두에게 촘촘하게 스며들지 않으면, 이와 같은 행동이 일어나기 어렵다. 실제 현장에서 만난 수많은 기업에서 이와 비슷한 일들이 일어난다.

매장이 70여 개가 넘는 기업도 막상 가보면 청소 도구함에 놓인 솔의 색깔이 곳곳마다 다르다. "화장실에 있는 수건의 색깔을 무엇으로 정해놓았나요?" 이렇게 물어보면 대답하지 못하는 곳들이 대부분이다. 각 매장의 종업원들이나 점주들이 각자의 취향대로 골라놓았다. 자신이 하는 행동이 내가 근무하는 이 매장 한 곳에서만 일어나는 행동이라고 생각하기 때문이다.

일본의 브랜딩 전문가 세키노 요시키는 이런 말을 했다. "가치관을 공유하면 불행을 방지한다." 구성원들의 행동을 모두 매뉴얼로 강제할 수 없다. 매뉴얼의 틈새로 빠져나가기 때문이다. 모두 같이 달려가야 할 그 방향에 대해서 공유하는 것이 필요하다. 내가 하는 행동이 70개가 되는 매장에서 똑같이 일어나야 하는 행동이라고 생각하면, 행동의 기준을 찾게 되고 그 기준을 공유하고 유지하게 된다. 이런 힘이 그 브랜드를 오래 지속시키는 바탕이 된다.

어딜 가나 같은 느낌

사람들이 상대방의 인상에서 가장 많이 기억하는 게 무엇일까. 눈빛? 말투? 얼굴? 바로 '헤어스타일'이다. 어떤 헤어스타일을 하고 있느냐에 따라 그 사람의 정체성을 인지한다는 것이다.

영화 〈로마의 휴일〉의 숏커트 헤어스타일이 아니었다면 여배우 오드리 헵번과 그 영화를 우리가 이토록 강렬하게 기억하고 있을까. 오드리 헵번 이후에 다른 배우가 비슷한 헤어스타일을 하면 아무리 잘 어울려도 '저건 헵번 스타일이야'라고 말하지 그 사람의 이름을 붙여주지 않는다. 하나의 정체성과 강렬하게 연결된 이미지는 누구도 쉽게 가져가지 못하는 것이 된다.

마찬가지로 하나의 매장이나 브랜드가 사람들에게 선명한 인상을 남기려면 자기만의 강렬한 이미지가 있어야 한다. 이런 강렬한 이미지는 어떻게 만들 수 있을까. 재미있는 일러스트를 그려 넣거나, 유명한 사람을 광고 모델로 쓰는 것만으로는 부족하다.

애플 스토어에 가본 적이 있는가. 누구든 한번 들어가면 애플 스토어의 감각에 깜짝 놀라게 된다. 한마디로 모든 것이 근사하다. 전 세계에서 보이는 방식이 가장 잘 컨트롤되는 곳이 애플이라 생각한다. 감각적이고 섬세하게 설계된 공간에서 애플의 다양한 제품을 너무나 편리하게 사용해볼 수 있다. 이런 경험을 하고 나면 애플에 대해 깊은 인상을 갖게 된다.

애플 스토어는 여러 면에서 놀라운 곳인데, 그중 하나는 전 세계의 모든 애플 스토어가 마치 하나의 이미지처럼 느껴진다는 것이다. 각 지역의 애플 스토어를 밖에서 사진을 찍어서 모아보면 마치 틀로 찍어낸 듯 똑같다. 수십 개의 애플 스토어들이 마치 하나의 동일한 이미지처럼 보인다. 전 세계 어느 매장을 가든 애플 스토어를 바라볼 때 눈에 들어오는 장면이 똑같은 것이다.

유수의 전자제품 기업들이 자신들의 제품을 진열하는 매장을 공들여 운영한다. 건물도 멋지게 짓고, 내부도 근사하게 꾸민다. 그러나 매장을 들어가는 고객의 눈에서 봤을 때 애플 스토어처럼 모든 매장을 동일하게 보이게끔 운영하는 곳은 거의 없다.

사람들은 전 세계 어떤 여행지를 가서도, 내가 살던 동네에 있는

전 세계의 모든 애플 스토어는
마치 하나의 이미지처럼 느껴진다.
각 지역의 애플 스토어를 밖에서 사진을 찍어서
모아보면 마치 틀로 찍어낸 듯 똑같다.

것과 똑같은 애플 스토어를 만나고, 똑같은 인상을 받는다. 인상은 반복됨으로써 더 강해지고, 이로 인해 애플 브랜드에 대한 사람들의 충성도는 높아진다. 애플은 '판매 접점 POS(Point of Sale, 매장)'을 컨트롤하지 못하면 제품에서 이루어낸 혁신도 인정받지 못한다는 철학을 갖고 있다. 때문에 보이는 모든 것들을 디테일하게 컨트롤하고, 전 세계 매장에 동일한 매뉴얼을 적용한다. 바로 이것이 애플이 오랜 세월 부동의 자리를 지키는 힘이다. 1개가 아니라 1000개가 되어도 하나의 애플 스토어인 것이다.

32만 5000개의 타일로
이루어진 지붕

1개가 아니라 1000개를 상상하게 되면, 자기만의 압도적인 비주얼을 만들고 유지하려는 사고가 발동하게 된다. 무엇보다 1개가 아닌 1000개를 상상한다는 것은 곧 '긴 시간'을 운영하는 마인드를 갖게 되는 일이다.

사람들에게 잊히지 않는 이미지는 기본적으로 '압도적'이다. 규모가 매우 큰 것, 지극히 정교한 것, 이제까지 보지 못한 신선한 것, 셀 수 없을 정도로 많은 것……. 이런 것들을 만들어낼 수 있다면 당연히 사람들이 오래 기억할 것이다. 누구나 자기 매장과 브랜드에 이런 이미지를 심고 싶어 하지만, 쉽게 심을 수 없는 이유는 간단하다. '빨리 만들려고' 하기 때문이다.

하나만 만들려고 하기 때문에 빨리 만들고 싶고, 그렇게 빨리 만들어진 것들은 힘이 약하다. 쉽게 모방된다. 반면 1000개를 만든다고 생각하면, 긴 시간을 들여서라도 제대로 만들어야겠다는 생각이 든다. 이렇게 긴 시간을 운영하는 마인드를 가지게 되면, 누구도 흉내 낼 수 없는 것을 만들 의지와 실행력이 생긴다.

스페인 바르셀로나의 구도심에는 이 도시에서 가장 화려한 지붕이 있는 건물이 있다. 멀리서 보아도 유선형의 지붕과 알록달록한 색상이 금세 눈을 사로잡는다. 처음에 보았을 때는 미술관이나 디자인센터가 아닐까 생각했다. 그런데 이 독특한 외관을 가진 곳은 바로셀로나의 전통시장 산타 카테리나 시장Santa Caterina Market이었다. 사람들의 눈을 사로잡는 이 거대하고 화려한 시장의 지붕은 모두 32만 5000개의 육각형 도자기 타일을 조합해 만든 것이다. 가까이 다가갈수록 주황색과 노란색, 연보라와 짙은 보라, 화사한 녹색과 부드러운 연두 등 다채로운 색채가 물결친다. 각각의 타일이 뿜어내는 이 아름다운 색들은 시장에서 팔고 있는 과일과 채소가 내는 자연의 빛깔을 닮았다.

산타 카테리나 시장은 1848년에 세워졌다. 오랜 전통을 자랑하는 시장이었으나 지역 경제가 흔들리면서 시장도 불황을 맞았다.

상인들과 지자체는 이 위기에서 벗어나기 위해 머리를 맞댔다. 시장을 리모델링해 사람들이 더 편리하게 이용하고 다시 찾아올 수 있는 젊은 시장으로 거듭나기로 한 것이다. 리모델링을 설계하면서 시장의 상인들과 바르셀로나의 시민들은 이 시장이 이제까지 지나온 시간을 생각했고, 앞으로도 그만큼의 시간을 견디는 곳이 되기를 희망했다. 그들이 내린 결정은 '산타 카테리나 시장만이 가질 수 있는 디자인을 해주세요'였다.

스페인의 유명한 건축가 엔릭 미라예스가 설계를 맡았다. 그는 시장에서 장사하는 상인들과 이곳에 장을 보러 오는 시민들을 보듬고 있는 지붕에 주목했다. 그리하여 설계된 것이 마치 파도가 물결치는 모양의 거대한 지붕이었다. 문제는 각기 다른 색깔의 육각형 타일을 유선형 모양으로 만들기 위해서는, 하나하나 손으로 나무틀을 만들어야 했다. 엄청난 노력과 시간이 걸렸다. 1997년에 시작된 공사는 무려 8년에 걸쳐 완공되었다. 누군가는 8년이나 되는 시간을 허비했다고 말할 수도 있을 것이다. 그러나 시장 리모델링 공사가 끝나고 개장한 날, 4만여 명의 사람들이 시장을 보기 위해 모였다.

리모델링 결과는 성공적이었다. 오늘날 산타 카테리나 시장은 장을 보러 오는 바르셀로나의 시민들만이 아니라 전 세계의 건축, 디자인 전공자들이 스페인에 오면 빼놓지 않고 둘러보는 장소가 되었다. '죽기 전에 꼭 봐야 할 세계 건축물' 같은 리스트에 여느 유

1개가 아니라 1000개를 상상하면,
긴 시간을 들여서라도
누구도 흉내 낼 수 없는 것을 만들
의지와 실행력이 생긴다.

명한 건물들과 함께 빠지지 않고 포함된다.

산타 카테리나 시장의 상인들이 8년이라는 긴 시간을 견딜 수 있었던 것은, 1개가 아니라 1000개를 상상하는 능력을 갖고 있었기 때문이다. 이런 지붕을 가진 시장 안에서 파는 물건들이 어떨지는 굳이 확인하지 않아도 짐작이 된다.

브랜드가 된다는 것은 신뢰하게 만드는 힘이 있는 것이다. 뉴욕 카네기홀 같은 유명한 연주홀에서 공연을 하면 장소를 가리지 않고 열연을 하는 명연주자들이라 해도 더 열심히, 더 공들여 연주하게 되는 심리가 있다. 물론 명연주홀답게 소리도 빼어나게 들리겠지만, 듣는 관객도 처음부터 우호적으로 들으려는 자세가 형성된다. 그래서 연주자의 명성만큼이나 연주홀이 갖는 브랜드의 힘도 중요하다.

산타 카테리나 시장 안에는 유적지를 발굴하는 터가 있다. 과거의 유산을 그냥 묻어버리지 않고, 오랜 시간에 걸쳐 조심히 정성스럽게 복원하는 모습을 보면서 여기 상인들은 매일 출근한다. '내가 없어지더라도 이 시장은 살아남아서 이 유적지만큼 오래가겠구나.' 이런 생각이 자연스럽게 스며든다. 시장을 찾아오는 사람들에게도 이 시장의 오래된 역사가 저절로 인지된다. 이렇게 사람들의 마음속에 산타 카테리나 시장은 스며들고, 잊히지 않는 곳이 되고, 다시 찾아가고 싶은 곳이 된다.

와튼 스쿨의 조나 버거 교수는 사람들이 입소문을 내는 요소들의 공통점을 분석했다. 기쁨, 분노, 슬픔 등 여러 감정 중에서 사람들이 가장 입소문을 많이 내는 감정은 바로 '경외심'이었다. 인간은 자신을 능가하거나 압도적인 존재나 힘을 대면할 때 경외심을 느낀다. 대단한 것, 놀랄 만한 것은 자신의 취향에 맞든 맞지 않든 공유 욕구를 자극한다. 다른 사람에게 자발적으로 전달하게 된다.

산타 카테리나 시장이 32만 5000개의 타일로 된 지붕을 만들지 못했다면 어땠을까. 유럽 곳곳에 있는 몇백 년 된 전통시장들과 별 차별점을 갖지 못했을 것이다. 이 지붕을 만들어냈기에 '놀라운 것'이 되고, 전 세계 사람들이 공유하게 되었다.

이제 매스미디어를 통해 소비자에게 직접 마케팅하는 시대가 아니라, 소비자에서 소비자로 전달되는 입소문이 곧 마케팅인 시대가 되었다. 이런 시대이기 때문에 오래된 브랜드의 가치가 다시 조명되면 대중들에게 확산되는 속도가 매우 빠르다. 하루하루 정신없이 변화하고, 빠르게 등장했다 빠르게 사라지는 시대에 '긴 시간을 견뎌낸 것'은 충분히 경외심을 불러일으키는 요소가 된다. 인간의 수명을 훌쩍 뛰어넘어 존재해온 것들은 사람들이 자발적으로 입에서 입으로 퍼트리는 요소가 된다.

그러니 지금 새로운 사업을 시작하는 이들이든, 오래된 사업을 유지하고 있는 이들이든, 자신들이 앞으로 만들 1000개가 무엇이고, 자신들이 만들어놓은 1000개가 무엇인지 생각하는 것에서부터 시작하자. 그래야 사람들의 마음을 파고들 '놀라운 것'을 만들 수 있다.

성공하는 브랜딩은 시간을 견디는 힘에서 나온다. 10년을 간다고 생각하면 1년만 투자하려고 한다. 그러면 몇 년 못 가서 힘이 떨어진다. 반면 1000개라는 숫자를 상상하면, 그보다 더 긴 시간을 견디게 되고, 그 견디는 과정이 결코 어렵지 않게 느껴질 것이다.

1000개를 상상할 때
평생 고객이 만들어진다

앞에서 내가 하는 일이 1개가 아니라 1000개라는 것을 상상했을 때, 무엇이 달라졌는지를 한번 정리해 보자.

- 그 일을 좋아할 사람이 '내'가 아니라 '고객'으로 바뀌었다.
- 그 일이 '분명한 이유'를 갖고 있어야 한다는 것을 깨달았다.
- 그 일을 '누가' 하더라도 똑같은 결과여야 한다는 사실을 알았다.
- 그 일이 오늘의 일만이 아니라 '미래'의 일과도 관련 있음을 느끼게 되었다.

1000개를 상상하면 '우리는 이 일을 왜 이렇게 해야 하나?'가 분명해지는 프레임을 갖게 된다. 이 프레임이 잡히면 새로운 것을 시작할 때도 도움이 되지만, 기존의 잘못된 방향을 바로잡을 때도 도움이 된다. 많은 매장과 기업들이 잘못된 것을 알면서도 이제까지 만들어온 것을 버리지 못해서 주저한다. 인테리어만 다시 하면 되지 않을까? 제품 이름을 한번 바꿔보면 어떨까? 이제까지 해놓은 것이 아까워서 이렇게 부분적으로만 수정하려고 하면 도리어 실패할 확률이 높다.

"지금 멈추세요." 컨설팅을 의뢰해온 많은 분들에게 했던 말이다. 모든 것을 멈출 생각이 없다면, 아무리 좋은 방법을 제안해도 받아들일 가능성이 낮다. 그냥 멈추라고 하면 그 말을 받아들이는 사람이 별로 없다. 그럴 때 "지금과 같은 것으로 1000개를 더 만드시겠습니까?"라고 물으면 그제야 멈춘다.

이 질문이 중요한 또 하나의 이유는 다른 사람들이 모방한다고 해도 흔들리지 않는 힘이 되기 때문이다. 모방이 너무나도 쉬운 시대에 힘들여 자기 것을 만들어도 금방 비슷한 것으로 추격해오는 이들이 생긴다. 그러나 정말 1000개를 만들 마음으로 시작한 일이라면 그 뿌리가 깊기 마련이다. 그렇다면 옆에서 나와 비슷한 것을 시도한다고 해도, 사람들이 바로 그 차이를 알아챈다. 무엇보다 자신의 뿌리가 깊으면 시간이 지날수록 '더 좋은 것'으로 진화할 수 있다.

전주 아원고택我園故宅은 경남 진주의 250년 된 한옥을 전북 완주군의 오성마을로 그대로 옮겨온 한옥이다. 하나하나 뜯어서 일일이 옮기는 이축 과정을 통해 만들어졌다. 서두르지 않는 주인의 철학이 고스란히 녹아든 종남산 자락의 공간은 머무는 내내 평화로웠다. 풍경이 좋은 곳을 골라 어마어마한 규모로 들어서는 최고급 호텔은 도저히 따라올 수 없는 감흥이 일었다.

아원고택은 이축하고 준비하는 데에 15년이 걸렸다. 이곳에도 현대적인 건축물인 미술관과 생활관이 있지만, 그런 현대적 공간이 전통 한옥을 해치지 않고 잘 어우러지도록 공을 들였다. 운영 방식도 이곳에 머무는 사람들이 이 공간에 천천히 스며들고, 느리게 움직이도록 설계되어 있다. 마을 풍경마저 이 고택에 맞추어 천천히 흐르고 조심스럽다. 15년이라는 준비 기간이 있었기에 이와 같은 일이 가능했던 것이다.

반면 전주 한옥마을은 관광객들이 몰리고 갑자기 유명해지면서 안타깝게도 고유의 정체성을 많이 잃어버렸다. 전주 한옥마을에 가면 빨리 성공하고자 하는 마음이 눈에 바로 보인다. 할인마트, 기념품숍, 한복 대여점 들이 길에까지 마구 나와 있다. 새로 지은 안내소들은 지붕만 한옥이고, 아래는 통유리와 콘크리트로 급하게 마감했다. 비주얼이 컨트롤되지 않는 것이다.

600여 채나 되는 한옥과 근대적인 건축물이 함께하는 전주 한옥마을은 안동 하회마을과 또 다른 정취가 있는 소중한 곳이다. 앞으

전주 아원고택

로 1000년 뒤에 전주 한옥마을이 어떤 모습일지를 생각했다면, 그 정취를 자아내는 고유한 풍경을 잘 관리할 수 있었을 것이다. 지금은 관광객들로 북적이지만 계속 찾아가고 싶은 곳이 되지 못했을 때, 한순간에 위기가 올 수도 있다.

물론 천천히 성장할 수도 있고, 빠르게 성장하는 방법을 택할 수도 있다. 하지만 분명한 건 진짜가 나타나면 가짜는 죽는다는 사실이다. 심지어 당장 급한 1개를 만드는 데에 몰두하느라, 원래 진짜였던 것이 가짜로 변하고 있는 건 아닌지를 생각해봐야 한다.

좋은 브랜드는 '자기의 본질'을 드러내는 데에 집중한다. 나에게 필요하지 않는 꾸밈에는 신경 쓰지 않는다. 아무리 자본을 많이 들여 멋지게 꾸며놓아도, 시간이 지나면 더 화려한 것들이 나타나게 마련이다.

"돈이 조금 모이면 인테리어 바꾸는 데에 다 들어가는 것 같아요." 이런 하소연을 자주 듣는다. 백화점에서 13년 동안 일하면서, 트렌드에 맞지 않다며 매해마다 많은 매장들이 뜯겨나가는 모습을 지켜보았다. 그런데 리뉴얼이 끝나면 그 매장들은 또다시 비슷비슷한 모습을 하고 있다. 단순히 예쁘기만 한 매장은 급하게 사라진다. 1000개를 생각하게 되면 이런 오해와 함정을 피해갈 수 있다. 1000개를 만들고, 1000개를 지켜가려면 '꼭 이래야 하는 이유'에 집중하게 된다. 그런 집중력이 정말 좋은 브랜드를 만든다.

누군가는 10년을 써
100년 된 듯한 놀라움을 만들어내고

누군가는 1년밖에 안 된 듯한 어설픔을 갖게 된다.

무엇이 이런 차이를 만드는 걸까.
어떻게 하면 시간을 빨리 쌓을 수 있을까.

당신에게
60개의 화분이 있다면

*

성공하는 브랜드를 빨리 만드는 법

*

어느 날 한 작은 꽃집에 가게 되었다. 소상
공인을 위한 재생 프로젝트의 하나였다. 10평 남짓한 꽃집은 온갖
원예용품으로 꽉 차 있었다. 주인조차 어디에 어떤 물건이 있는지
찾아내지 못할 정도였다. 어디서부터 시작해야 할까.

"저 안에 있는 것을 다 끄집어냅시다." 프로젝트를 도와주는 이
들이 모두 달라붙어 점포 안에 있는 물건들부터 다 끄집어냈다. 길
바닥에 물건이 가득 쌓였다. 이 물건들을 다시 비슷한 것들끼리 분
류하는 작업을 했다. 작업을 마치고 나니 어땠을까.

도자기 화분이 10개, 모던한 스타일의 화분이 10개, 라탄 바구
니 화분이 10개, 황톳빛 토분이 10개, 양철로 된 화분이 10개…….
이렇게 온갖 종류의 화분들이 무려 60여 개나 있었다. 이렇게 화분
을 종류별로 구비해놓았으니, 그 작은 가게 안에 물건이 넘쳐났던
것이다. 분류를 해봐도 무엇을 버려야 할지 감이 오지 않았다. 이
중에 어떤 것이 이 꽃집에 필요한 화분이고, 어떤 것이 필요하지

않을까. 꽃집 주인의 생각이 보이질 않았다.

화분 개수가 많은 것은 문제가 아니다. 만약 프로방스풍의 화분만 60개가 있었다면, 도리어 '멋있다'는 느낌이 들었을 것이다. 꽃집 앞을 지나치는 행인들의 눈길도 사로잡았을 것이다. 평소에 이런 풍을 좋아하지 않았던 사람도 한번 들러서 구경하고, 자기가 몰랐던 프로방스풍의 매력을 새삼 깨닫게 되었을 것이다.

그런데 이 꽃집은 왜 이런 상황이 되었을까. '내가 무엇을 하는 사람인지'에 대한 주인의 생각이 분명하지 않았기 때문이다. '꽃집을 하겠다'는 생각만 있었지, '나는 어떤 꽃집을 하겠다'는 생각은 없었던 것이다. 만약 '나는 프로방스풍의 꽃집을 하겠다'는 생각이 있었다면, 계속 프로방스풍의 화분만 사 모았을 것이다. 그러면 처음에는 한두 개여서 꽃집의 특색으로 여겨지기에 부족했겠지만 화분이 3개가 되고, 4개가 되고, 10개가 되고, 20개가 되면 다른 데서는 쉽게 볼 수 없는 비주얼이 만들어진다.

만약 프로방스풍을 정말 좋아하는 고객이라면, '이건 쉽게 볼 수 없는 제품인데 가지고 있네'라는 감탄이 나오고, 꽃집의 전문성에 신뢰가 생긴다. 그러면 꼭 화분이 필요하지 않아도 어떤 제품이 새로 들어왔는지 궁금해서 자주 들러보게 된다. 자신과 취향이 비슷한 주변 사람들에게 소문도 낼 것이다. 이러면 멀리서 이 꽃집을 일부러 찾아오는 손님도 생길 것이다.

일정한 범위 안에서 반복해서 쌓이는 것이 없으면, 아무리 개수가 많아도 의미가 생기지 않는다. 옷장을 열 때마다 입을 옷이 없다면, 그건 아직 자신에게 맞는 스타일을 찾지 못했다는 것이다. 패셔니스타들을 보면 이것저것 다양하게 입는 것 같지만 그렇지 않다. 자기 스타일이 정해져 있고 그 범위 안에서 다양하게 변주를 줄 뿐, 기본적으로 자신의 이미지를 연출하는 방향은 정해져 있다. 그렇기에 그들의 패션이 더 다채롭고 감각적으로 느껴진다. 큰 틀에서 같을 때, 작은 차이가 더 분명하게 부각된다.

500년 된 양갱 가게에는
쇼윈도가 없다

여러 종류가 있다는 게 어떤 경쟁력이 있을까. 작은 매장은 물건이 종류별로 다양하게 구비된 대형마트를 이길 수 없다. 작은 매장만 그런 게 아니다. 대형마트라도 각 브랜드마다 콘셉트가 다르다. 신세계백화점과 롯데백화점의 차이가 있고, 코스트코와 이마트의 차이가 있다. 이곳에 있는 제품이 저곳에는 없기도 하다. 같은 제품이라고 해도 진열하는 방식이 다르다.

하물며 10평짜리 매장이라면 어때야 할까. 자신이 만들고 싶은 '나만의 꽃집 이미지'를 머리에 그리고, 거기에만 집중해야 한다. 우연히 들른 고객의 말에 흔들리지 않고, 나를 '일부러 찾아올' 고객을 생각해야 한다. 100분의 1의 말에 흔들리면 자기만의 비주얼이 깨지고, 사람들에게 어떤 인상도 줄 수 없게 된다. 내가 '무엇을 하겠다'는 생각이 없으면, '무엇을 안 하겠다'는 생각도 생기지 않는다.

일본 도쿄의 거리를 걷다가 이상한 풍경을 보았다. 어떤 매장 쇼윈도에 사람들이 얼굴을 바짝 들이대고 그 안을 들여다보고 있는 것이다. 보통 매장의 쇼윈도는 밖에서도 안이 훤히 보이도록 통유리를 설치하는데, 이 매장은 달랐다. 여러 개의 흰 정사각형들이 벌집처럼 모여 있는 형태의 쇼윈도는 내부가 보이지 않았다. 가까이 다가가니 흰 정사각형들 안에 네모난 구멍이 뚫려 있었다. 매장 안을 보려면 그 작은 구멍에 눈을 대고 들여다보는 수밖에 없었다. 뚫려 있는 작은 구멍은 왠지 들여다보고 싶어진다. 완전히 다 보여주는 커다란 쇼윈도는 사람들이 그냥 지나치는데, 오히려 잘 보이지 않게 디자인된 쇼윈도가 발길 잡는 것을 목격하게 된 것이다. 행동하고 싶게 설계된 셈이다.

그 가게는 양갱을 파는 곳이었다. 쇼윈도를 꾸미고 있는 흰 정사각형은 바로 양갱을 만드는 틀이었다. 똑같은 양갱 틀을 쌓아서 독특하고 놀라운 장면을 연출했다. 자신의 제품이 탄생하는 고유한 소재로 고객을 사로잡았다.

도라야とらや는 500년이 되어가는 교토의 전통과자 브랜드다. 5

세기 동안 이어진 도라야 양갱은 일본 왕실에 납품되며 일본을 다녀가는 관광객들이 꼭 찾는 제품 중 하나이기도 하다. 도라야는 그 긴 시간 동안 많은 전통과자 중에서 특히 양갱에 집중했다. 자신들이 그렇게 정성껏 만들어온 양갱이니, 그들에게는 어떤 비싼 보석 못지않게 소중하다. 나에게 소중한 것을 남에게 보여줄 때 누가 시키지 않아도 보여주는 방식에 지극한 신경을 쓰게 된다. 그런 생각이 누구도 흉내 낼 수 없는 비주얼 콘셉트를 잡아냈다. 매장 밖에서 제품이 전혀 안 보이는데, 도리어 사람들이 더 궁금해하는 일이 가능해졌다. 사람들은 크고 많은 것에만 주목하는 게 아니다. 도라야는 작은 것에 집중하고 그것이 비주얼로 표현되었을 때 얼마나 매력적인지를 알려주는 곳이었다.

전 세계 수많은 전통시장을 다녀봤을 때도 똑같았다. 수백 년의 시간을 견딘 시장의 물건들은 기본적으로 하나같이 품질이 좋았다. 그 시장에서만 살 수 있는 수제품이 많다는 공통점이 있었다. 자신이 공들여 만든 제품의 이력을 알려주고 싶고, 기성품과는 다른 제품이라는 것을 보여주고 싶은 마음이 간절하다. 그래서 가게마다 자기만의 진열법이 발달한다.

심지어 비슷한 제품을 팔아도, 각 가게마다 고유한 비주얼로 승부하는 곳도 있다. 350여 년을 이어온 터키 이스탄불의 이집션 바자르Egyptian Bazaar 는 향신료만 파는 시장이다. 이 시장의 모든 가게

자기가 하는 일의 범위를 정하고, 그 안에서 반복할 때
더 강렬하고 압도적인 브랜드가 만들어진다.
양갱 가게가 양갱을 만드는 정사각형 틀만 반복해서 모았다.
남들은 따라 할 수 없는 독보적인 이미지는
사람들을 끌어당긴다.

가 비슷한 종류의 향신료를 팔지만, 가게마다 진열법이 다 다르다. 똑같은 진열을 한 곳이 하나도 없다.

이슬람 사원의 형태를 닮은 한 가게는 매장 곳곳에 정교하고 화려한 문양을 새겨놓았다. 바로 옆 가게는 나이테가 그대로 드러난 오래된 나무로 매장을 꾸몄다. 투명 아크릴로 매대를 만들어 현대적인 느낌을 주고, 멀리서도 향신료의 색상이 분명하게 보일 수 있게 한 곳도 있었다. 자기 매장을 좋아할 만한 고객을 먼저 정하고, 그들에게 집중하고 있는 것이다. 그 많은 향신료 가게 중에서도 자기 취향에 딱 맞게 물건을 진열한 가게를 보면 사람들은 그냥 지나치지 못하고 발길을 멈추게 된다.

1897년에 문을 연 헝가리 부다페스트 중앙시장에 가면 각종 채소로 만든 피클만 전문적으로 파는 집이 있다. 그 가게에서 파는 피클에는 표정이 있다. 피클에 붉은 고추를 잘라 웃는 입을 만들고, 검은 후추로 눈을 만들어놓았다. 그런 피클이 담긴 통들이 진열대에 가득하다. 유리로 된 피클 통 안에서 동그란 피클들이 나를 향해서 웃고 있으면, 손을 뻗어 집지 않을 수 없다. 다른 가게들이 평범한 피클을 만들 때, 이 가게가 세상에 하나밖에 없는 미소 짓는 피클을 만들어낼 수 있었던 것은 오로지 피클과 피클을 사는 사람에게만 집중했기 때문이다. 이렇게 자기만의 범위를 정하면 파는 이의 마음을 더 잘 보여줄 수 있게 되고, 파는 이의 마음이 '보이면' 사는 이들도 마음을 연다.

다른 가게들이 평범한 피클을 만들 때,
이 가게가 세상에 하나밖에 없는
미소 짓는 피클을 만들어낼 수 있었던 것은
오로지 피클과 피클을 사는 사람에게만 집중했기 때문이다.

좋은 브랜드는
단 한 장의 이미지

수많은 마케팅 책들이 '자신의 고객을 정확하고 좁게 정의하라'고 조언한다. 그런데 과연 기업들은 자신의 고객을 정확하게 파악하고 있을까. 최종적으로 고객과 만나는 현장에 있으면, 그 여부를 여실하게 알 수 있다.

각 브랜드마다 플래그십 스토어flagship store를 열고 운영하는 데에 공을 들인다. 플래그십 스토어는 '본점'을 뜻하는 용어로, 마치 깃발을 세우는 것처럼 가장 좋은 물건을 최고의 방식으로 보여주는 곳이다. 그런 매장인만큼 자신들의 핵심 고객을 속속들이 만족시켜야 한다. 뉴욕, 런던, 파리와 같은 전 세계의 주요 도시들은 물론이고 국내에서도 가로수길, 명동과 같은 중심 지역에서 플래그십 스토어들의 경쟁이 치열하다.

그 현장에서 보면 어떤 브랜드가 오래갈 것이고, 어떤 브랜드가 위기를 맞을 것인지 단번에 알 수 있다. 자신의 고객을 진심으로 이해하고 있는지, 혹은 고객을 대하는 마음이 어떻게 부족한지가 눈에 보이기 때문이다.

친환경 밀폐용기로 유명한 한 브랜드가 플래그십 스토어를 열었다. 평소에 너무 좋아했던 브랜드이기에 큰 기대를 안고 갔다. 밖에서 보니 매장 안이 훤히 들여다보이는 2층 건물에 심플한 검정색 간판이 멋져 보였다. 생활용품의 이미지를 벗어던진 세련된 건물이었다. 설레는 마음을 안고 문을 밀고 들어갔다. 그러나 막상 안으로 들어가자 그 설렘이 사라졌다.

그 공간에는 '상품'만 있고 이곳에 올 이유가 보이질 않았다. '먹다, 만들다'라는 콘셉트로 1층을 꾸몄다면 그곳은 꿈의 주방을 보여주었어야 했지만, 주방과 관련된 상품만 진열된 수준이었다. 여행을 콘셉트로 잡은 2층도 여행용 제품만 있을 뿐, 여행의 설렘을 주지 못했다.

소비자와 기업이 직접 만나는 곳은 어떤 모습이어야 할까. 우선 '내 고객이 어떤 사람들인지 충분히 알고 있다'는 것을 보여주어야 한다. '여느 주방용품을 사는 사람들과 당신이 다르다는 것을 알고 있습니다.' 이런 마음을 보여주어야 한다. 수고를 감내하고 굳이 친환경 밀폐용기를 쓰는 고객이라면, 그들이 어떤 라이프스타일을 추구하는지를 정확하게 알고 세심하게 반영해야 한다. 그런데 자신의 고객에게 어떤 도움을 줄지를 모르니 잘 꾸며진 여느 백화점과 별다를 바 없는 플래그십 스토어가 만들어진 것이다.

이처럼 많은 브랜드들이 막대한 자본과 시간, 노력을 들여서 고객을 직접 만나려 하지만, 자기 브랜드를 좋아하는 사람들을 제대로 감동시키는 경우는 그렇게 많지 않다. 기업들은 카테고리별로 상품만 잘 묶어서 진열하면 고객의 라이프스타일을 보여주는 공간이 된다고 생각한다. 전혀 그렇지 않다. 굳이 그곳에 오는 데에는 '다른 기대'가 있기 때문이다. 그 '다른 기대'를 채워주는 것을 만들어내야 한다. 그 '다른 기대'는 많은 제품이 아니다.

오히려 집중해야 하는 것은 고객들이 문밖을 나설 때, 마지막으로 가지고 갈 '단 한 장의 이미지'를 만들어내는 일이다. 사람들은 한 공간에서 여러 개의 이미지를 담아 가지 않는다. 그러기를 바라는 것은 공급자의 욕심일 뿐만 아니라, 오히려 브랜드에 대한 연상 이미지를 약화시키는 일이다.

내 브랜드와 내 고객을 연결시킬 '단 한 장의 이미지'를 정했다면, 그것이 어떤 감정과 연결되어 있는지도 생각해보아야 한다. 즐거움, 신선함, 설렘, 편안함, 놀라움 등 각 브랜드마다 추구하는 철학에 따라 어떤 감정을 고객에게 남길지는 다르겠지만, 감정을 만들어내지 못하는 경험은 효과가 없다. 들어왔을 때와 나갈 때의 고객의 감정 상태가 달라져 있다면 성공이다.

20~35세 여성을 타깃으로 하는 제품을 만드는 두 브랜드가 있다. 한 브랜드의 플래그십 스토어는 영화관을 콘셉트로 삼았다. 그 안에 들어가면 할리우드에 있을 것 같은 화려한 화장거울과 멋진 조명등이 주요 모티브로 반복된다. 이 매장에 들어간 사람들은 마치 대기실에 앉아 있는 여배우처럼 화장을 해볼 수 있다. 매장 곳곳에 놓인 의자도 영화관의 접이식 의자를 그대로 차용했다. 1층에서 지하로 내려가는 계단에는 영화제 시상식장을 연상시키는

레드카펫이 깔려 있다. 이곳의 제품을 쓰면 영화배우처럼 예쁘고 화려해질 것 같은 기분이 든다. 고객이 가져갈 단 한 장의 감정 이미지가 무엇인지 뚜렷하다.

또 다른 브랜드의 플래그십 스토어는 콘셉트가 '마켓'이다. 유럽의 시장에서 볼 수 있는 테라스와 차양이 건물 외관에 장식되어 있다. 그러나 안으로 들어가면 여느 화장품 가게와 똑같다. 제품이 카테고리별로 나뉘어 있다. 심지어 사람들이 화장품을 쉽게 집기 어려울 정도로, 빼곡하게 진열되어 있다. 많은 물건을 보여주고 싶은 욕심이 앞선 것이다. 마켓이라는 콘셉트는 구석에 놓인 플라스틱으로 만든 빈티지 장바구니가 전부다.

두 플래그십 스토어 모두 밖에서 볼 때는 '이곳에 들어오면 흥미롭다'는 신호를 보낸다. 그런데 안으로 들어가면 한쪽은 그 신호가 사라진다. 앞의 플래그십 스토어는 물건을 사지 않더라도 사진을 찍고 공유하고 싶은 마음이 든다. 이 브랜드를 좋아하지 않는 사람이었다 해도, 이렇게 타깃 고객층을 위해 촘촘하게 설계된 매장을 경험하고 나면 호감을 갖지 않을 수 없다.

뒤의 플래그십 스토어에서는 필요한 제품이 있으면 그것만 골라 나올 뿐, 다른 화장품을 더 구경하거나 사고 싶어지지 않는다. 이 브랜드를 다른 사람들에게 알리고 공유하고 싶은 마음도 들지 않는다. 평소에 뒤의 브랜드를 즐겨 사용하는 사람이었다 하더라도, 두 브랜드의 플래그십 스토어를 교차해서 경험하고 나면, 자신이 원래 좋아했던 브랜드에 서운한 마음이 들 것이다.

이와 같은 일이 벌어지는 이유는 내 제품을 사용하는 이들을 대충 파악하기 때문이다. 내 고객은 20~35세 여성 중에서도 어떤 성향의 여성들인가, 어떤 가치관을 갖고 있고, 어떤 재미를 느끼고 싶어 하는가, 왜 우리 제품을 왜 좋아하는가. 이렇게 자기 고객의 모든 것을 정확하게 파악하고 그들이 좋아할 감정 이미지를 만들어내야 한다.

결혼식에 초대받으면 정성껏 옷을 차려입고 가는 이유가 무엇일까. 축하하는 마음을 상대가 알 수 있도록 보여주기 위해서다. 자신에게 집중하는 마음을 '보여주는' 이에게 사람들은 마음을 연다. 오랫동안 사랑받아온 브랜드들은 사람들과 직접 마주치는 현장에서 자신들이 얼마나 정성을 다하는지를 경험하게 한다. 그만큼 강력한 브랜드 파워를 가지는 것이 없기 때문이다.

도쿄 스타벅스의
장인 정신

2018년 세계 최고의 커피 브랜드 스타벅스가 식품 기업 네슬레에 커피 포장제품 판매권을 매각했다. 스타벅스가 포장제품을 판매할 수 있는 권리를 넘겼다는 것은 큰 의미를 갖는다.

스타벅스는 매출의 대부분이 직영점에서 나온다. 스타벅스는 자신들의 직영점에 대해 이렇게 정의한다. "우리는 고객 한 명 한 명에게 특별한 '스타벅스 경험'을 제공하고자 한다. 스타벅스 경험은 질 높은 고객 서비스와 디지털 경험, 깨끗하고 쾌적한 매장, 그리고 각 지역 커뮤니티의 특성을 투영할 수 있는 역량을 제공한다."

이 말에서 스타벅스가 왜 포장제품 판매권을 매각했는지를 알 수 있다. 스타벅스는 자신을 공간을 파는 회사로 브랜딩한 것이다. 자신들의 가치를 유지하고 더 높게 쌓기 위해서 스타벅스라는 공간이 제공하는 특별한 경험과 맞지 않는 일은 하지 않겠다는 것이다.

대신 그들은 스타벅스라는 공간에 최대한 집중하는 전략을 쓰고 있다. 전 세계 주요 거리마다 초록색의 간판을 걸었던 스타벅스가 더 이상 확장할 수 없을 때, 그들은 더 진화된 모습을 선보였다. 스타벅스는 일반 매장과 리저브 매장을 나누고 한정된 수량의 고급 커피를 전 세계 800개의 지정된 리저브 매장에서만 판매한다. 여기에 더해 커피 원두를 직접 로스팅하는 리저브 로스터리 매장을 오픈하고 있다. 원래 스타벅스가 1971년 원두 로스팅 회사로 출발했던 것을 상기시킨다.

그중 벚꽃이 아름답기로 유명한 나카메구로 강가에 있는 도쿄점은 전통 디자인을 최대한 살려 설계되었다. 일본의 유명 건축가 구마 겐고와 스타벅스 최고 디자이너인 리즈 뮬러가 함께 작업했다. 천장에서 내려오는 장식은 종이접기 공예인 오리가미를 응용했다. 4층 높이의 거대한 커피 저장통은 구리를 망치로 두들겨 모양을 내고, 거기에 구리로 만든 벚꽃으로 장식했다.

곳곳을 둘러보며 감탄하고 있을 때 놀라운 모습이 눈에 들어왔다. 꽃차를 보관하는 유리통이었다. 유리통 전체가 다섯 개의 꽃잎 모양으로 만들어진 것도 눈길을 끌었지만, 놀라운 건 그 바닥이었다. 사람들이 통에 담긴 말린 꽃을 볼 수 있도록, 유리통의 바닥이 평평하지 않고 15~20도로 비스듬하게 생긴 것이다. 이 기울어진 유리통을 위해 별도의 나무 받침대를 제작했는데, 통이 꽂히는 받침대 구멍 또한 꼭 맞는 꽃잎 모양이었다. 모두 특별히 맞춤 제작했을 게 분명했다. 고객들이 사용하는 컵도 아닌데, 매장에서 사용하는 집기조차 이토록 정성을 들이다니. 오래가는 장인匠人들의 물건과 다름없었다.

사람들이 너무 많아 대기하고 입장하는 데에만 반나절이 넘게 걸리지만, 그 기대를 충분히 만족시키고도 남을 만큼 공을 들였다. 이제 이들은 커피 매장을 넘어 각 도시의 대표적인 랜드마크가 되려고 한다. 100년 뒤에도 그 지역 사람들의 추억 속에 남을 곳이 되겠다는 목표를 세운 것이다.

스타벅스는 오로지 매장이 주는 경험에 집중하는 기업이다.
그들이 각 나라의 전통적인 디자인과 각 도시의
지역적인 특성을 매장으로 끌어들이는 것도 이 때문이다.
그들에게 공간은 브랜드 증폭제이다.

일본 도쿄 스타벅스 리저브 로스터리

벚꽃이 아름답기로 유명한 나카메구로 강가에 들어선 스타벅스.
이제 이들은 카페가 아니라 세계 각 도시의
대표적인 랜드마크가 되려고 한다.
100년 뒤에도 그 지역 사람들의 추억 속에 남을 곳이 되겠다는
목표를 세운 것이다.

확장 가능한 브랜드의
조건

사실 스타벅스 같은 선택을 하는 곳은 거의 없다. 오히려 그 반대의 경우가 더 많다. 하나의 분야에서 성공하면 곧 다른 분야를 넘본다. 대규모 자본을 가진 곳만 그런 게 아니다. 고깃집으로 성공한 후 카페를 여는 소상공인들도 얼마나 많은가. 자신의 중심 가치를 잘 지킬 때, 내 제품의 가치를 훼손하지 않으면서 사람들과의 만남도 확장할 수도 있다.

프랑스의 라뒤레La Durée는 세계 최초로 지금과 같은 모양의 마카롱을 만든 과자점이다. 1872년 루이 에른스트 라뒤레가 창업했을 때는 가운데 크림이 없는 달콤한 빵을 만들어 팔았다. 이후 그의 손자가 두 머랭 조각 사이에 크림을 넣는 법을 만들었고, 이것이 오늘날 마카롱의 시작이다. 150년이 넘은 과자점으로, 프랑스 사람이라면 한 번은 가서 먹어보는 곳이다. 뉴욕, 두바이 등에도 라뒤레 매장이 있다.

파리에 있는 본점에 가면 라뒤레가 프랑스 사람들에게 어떤 브랜드인지 단번에 느낄 수 있다. 라뒤레 매장에는 조명이 거의 없다. 마치 박물관에 들어온 것처럼 어둡다. 음악도 나오지 않는다. 항상 사람들이 미어질 듯이 많지만 정작 매장 안은 아주 조용하다. 사람들은 작품을 고르듯이 줄을 서서 신중하게 마카롱을 고른다.

마카롱의 원조 라뒤레 매장에 가면,
자신들이 프랑스 사람들에게 어떤 의미가 되고 싶은지가 바로 보인다.
매장은 박물관에 온 것처럼 어둡고 조용하다.
사람들은 작품을 고르듯이 조용히 마카롱을 고른다.

그 수다스러운 프랑스 사람들이 여기서는 소곤거리며 대화를 한다. 마치 보석상에서 보석을 고르는 것 같은 느낌이다.

라뒤레는 자신들의 브랜드로 보석같이 예쁜 장식품과 화장품을 만들고 있다. 라뒤레는 마카롱 모양의 열쇠고리, 마카롱이 그려진 손수건과 같은 물건에서부터, 마카롱의 색상을 닮은 립글로스, 향수 등을 만든다. 라뒤레 화장품은 프랑스보다 해외에서 더 잘 팔린다.

소비하는 제품의 종류는 다르지만 그 고객들은 여전히 라뒤레 고유의 스타일에 공감하는 고객들이다. 라뒤레는 기존의 제과업과 무관한 화장품 사업에 뛰어든 게 아니라, 오히려 라뒤레의 브랜드 파워를 더 강화한 것이라고 볼 수 있다. 라뒤레 화장품은 오래된 과자점만이 갖고 있는 화려함과 정교함을 그대로 보여준다. 또한 철저하게 프랑스적인 비주얼을 담고 있다. 립글로스는 옛 귀족 시대 프랑스 남자들이 신고 다니던 스타킹과 구두의 모양을 본떠 만들었다. 파우더, 향수 등도 고풍스러우면서 달콤한 느낌을 주는 디자인이다. 라뒤레 과자점에 가보지 않은 사람들도 라뒤레가 '화장품까지 나올 정도로 최고의 마카롱 브랜드다' '150년이 넘은 디저트 가게답게 기품 있는 화장품을 만든다'라고 느낄 게 분명하다.

이처럼 자기의 정체성을 분명하게 지킬 때, 새로운 고객들에게 자신의 브랜드를 알리는 일도 적극적으로 시도할 수 있다. 오래된

라뒤레 화장품은 오래된 과자점만이 갖고 있는
화려함과 정교함을 그대로 보여준다.
라뒤레는 화장품 사업을 하는 게 아니라
'라뒤레가 무엇인지 보여주는' 일을 하고 있다.

プレスト チークカラー
RESSED CHEEK COLOR
¥2,500 (税抜)

브랜드는 이제까지 만났던 익숙한 사람들만이 아니라 새롭게 내 고객이 될 사람들과도 만나야 한다. 이 또한 '안 해야 하는 일'을 안 할 때, 제대로 해낼 수 있다.

누구나 자신의 영역에서 대표 브랜드가 되고 싶어 한다. 그런데 항상 시간이 부족하다. 어느 순간 세월은 훌쩍 흘러가 있고, 자신은 제자리에 있다. 왜? 자신과 어울리지 않는 일을 많이 하기 때문이다. '안 해야 하는 것을 안 하는 것'은 시간을 밀도감 있게 쓰는 일이기도 하다. 불필요한 것을 하지 않으면 시간이 빨리 쌓인다. 사람들이 시간이 없다는 말을 많이 하는 건, 자기와 맞지 않는 일에 시간을 쓰기 때문이다.

만약 부다페스트 중앙시장의 피클 가게가 여러 가지 제품을 판매하는 곳이었다면, 피클에 입을 붙이고 눈을 붙일 시간이 있었을까? 범위를 좁히고 집중하면 시간이 훨씬 빨리 축적된다. 60개의 화분을 고르고 사 모으는 데에 걸리는 시간은 누구에게나 비슷하다. 그러나 '나는 이런 꽃집을 할 거야'라고 결정한 다음에 화분을 고른다면, 그 시간은 훨씬 밀도 있고 정교하게 쌓인다. 자기만의 시간이 축적되고, 그 축적된 힘을 바탕으로 나온 브랜드는 정확하고 세심할 수밖에 없다.

젠틀커피라는 카페가 있다. 처음에 장사가 잘되자, 주인은 3개 층으로 가게를 넓히고 직원을 뽑아서 사업을 확장했다. 그러나 매장이 확장되는 만큼 고객이 늘지는 않았다. 모아둔 돈이 금세 바닥이 났다. 결국 매장을 줄이고, 단 두 명이서 원점에서 다시 시작할 수밖에 없었다. 그때 자기 브랜드의 상징에 대해서 생각하게 되었다. '젠틀커피는 과연 어떤 곳인가. 적어도 이 이름을 쓰려면 주인인 나부터 젠틀해져야겠다.' 그때부터 주인은 머리에 중절모를 썼다. 다른 곳에 쓰는 돈을 아끼고 아껴서, 가격은 저렴하지만 디자인이 좋은 옷과 소품을 찾아 머리끝에서 발끝까지 공들여 꾸몄다. 말투와 행동에도 신경 썼다. 뼛속까지 젠틀해져야겠다고 생각했다.

언제부터인가 매장에 멋쟁이 남자 손님들이 늘기 시작했다. 자신이 입고 있는 브랜드를 알아보고 말을 걸어왔다. 자신이 쓰고 있는 모자, 안경테, 넥타이를 보고, 어디서 샀는지 물어왔다. 그런 손님들을 위해 매장에 모자를 갖다놓고 부토니에, 양말 등 패션에 신경 쓰는 남자들을 위한 소품들을 같이 팔기 시작했다. 그러자 커피 매출을 능가하는 판매가 일어나는 일이 벌어졌다. 이곳은 남성 패셔니스타들의 아지트가 되었다. 이런 소문이 나자 대기업 백화점에서 연락이 왔다. 자기 백화점에 입점해달라는 것이었다. 그러나 주인은 거절했다. "아직 저는 준비가 되지 않았습니다. 충분히 저희 고객들에게만 더 집중하고 싶습니다."

"뜨거운 열정보다 중요한 것은 지속적인 열정이다." 마크 저커버그가 한 말이다. 젠틀커피의 주인은 이 말의 의미를 알고 행동하고 있는 것이다. 똑같이 10년을 써도 누군가는 100년이 쌓인 것 같은 내공과 놀라움을 갖는 반면, 10년이 되어도 여전히 1년밖에 안 된 듯 어설픈 곳도 있다. 사람들에게 오래 사랑받는 곳이 되는 게 어디일지는 너무나 분명하다.

다른 회사로 오해받는 경우가 있다면
아직 '나만의 것'을 사람들에게 각인시키지 못했기 때문이다.

오래가는 것들은 당연하게도 남들과 완전히 다르다.

나를 표현하는 자기만의 '상징'은 어떻게 찾을 수 있을까.

복숭아에 대해
30가지 말하기

*

6가지 질문으로 만드는 브랜드 설계

*

자기 생각을 이끌어내는 '복숭아에 대해 말하기'

'나만 아는 것'을 찾아내라

향기마저 브랜딩의 요소

나라 걱정보다 자식 걱정

6가지 질문으로 만드는 브랜드 설계

브랜딩은 쓰기에서 시작해 그리기로 끝난다

어느 날 한 지인이 의논할 일이 있다며 나를 찾아왔다. 어머니의 음식 레시피로 사업을 하고 싶다며, 브랜드를 만들어달라는 것이다.

'어머니 음식으로 사업을 하겠다니. 사업이 얼마나 어려운 일인데…….' 말린다고 될 일은 아닐 것 같고, 우선 질문을 던졌다. 어떤 마음이 들었기에 이런 생각을 하게 되었느냐. 이런 대답이 돌아왔다. 문득 어머니가 돌아가시면 다시는 이 음식을 먹을 수 없겠다는 생각이 들었다. 너무 안타까웠다. 그래서 이 레시피를 계속 남겨, 더 많은 사람들에게 맛보게 해주고 싶다.

다음 질문을 던졌다. 어머니 레시피의 어떤 점이 좋은가. 이런 답변들이 돌아왔다. 온갖 좋은 재료가 다 들어갔다, 정성이 가득하다, 맛있다, 믿을 수 있다 등등. 이렇게 말하는데 점점 목소리가 줄어들었다. '이러면 여느 가정간편식과 다른 점이 없네? 우리 어머니 레시피만의 좋은 점이 무엇인지 내가 설명하지 못하고 있구나.'

스스로 문제를 깨닫기 시작한 것이다.

"'뭐라 설명할 순 없지만 이게 좋은 디자인인 것 같다'라고 말하는 디자이너들이 있습니다. 저는 그 말을 믿지 않습니다. 왜냐면 설명할 수 없는 디자인은 없기 때문입니다. 형용사조차 '숫자'로 설명할 수 있어야 합니다."

컨설팅 때 자주 하는 말이다. 주관적인 감각도 객관적으로 설명할 수 있어야 정확하게 아는 것이다. 내가 느끼는 '좋음'을 남도 '좋다'고 느끼게 하려면, 설명이 분명해야 한다.

처음 일을 시작하는 많은 이들이 대개 이렇다. 본인들은 자신들이 만드는 것이 얼마나 좋은지 너무 잘 알고 있다. 분명 내가 하려는 일이 세상에 의미 있는 일이고, 기존의 것과 다른 장점이 있다. 그래서 자신만만하게 사업을 시작한다. 그런데 고객들은 '이거나 저거나 별다른 게 없네'라고 생각한다. 고객들이 그 차이를 몰라주니 섭섭하고 답답하다. 야심차게 시작한 일인데, 처음의 열정과 신선함은 곧 사라지고 만다. 결국 수많은 비슷한 것들 중의 하나를 내놓게 되고 세월이 흐르면서 사람들에게서 잊힌다. 어떻게 하면 '나만의' 좋은 점을 표현하고 설명할 수 있을까? 이 질문의 답을 찾아야 정말 새로운 것을 시작할 수 있고, 오래 사랑받을 수 있다.

자기 생각을 이끌어내는
'복숭아에 대해 말하기'

누구나 스타벅스 같은 로고를 만들고 싶고, 배스킨라빈스의 분홍색과 같은 상징색을 갖고 싶어 한다. 그런데 왜 우리 브랜드는 선명한 이미지를 갖지 못할까? 이유는 '나의 본질을 표현하는 나만의 상징'이 없기 때문이다.

나만의 상징을 찾기 위해서는 먼저 자신을 설명하는 언어가 많아야 한다. 그 언어들 중에서 '남들은 흉내 낼 수 없는 나의 본질'도 찾을 수 있고, '바늘처럼 뾰족하면서 사람들을 매료할 수 있는 나만의 상징'도 찾을 수 있다. 우선 자신을 설명하는 언어부터 만들어보자.

기업에서 컨설팅 의뢰가 오면, 나는 그 기업이 운영하는 매장을 찾아가 길 건너편에서 매장을 한참 바라본다. 그렇게 바라보았을 때, 갓 시작한 기업만이 아니라 오래된 기업 중에서도 특정한 이미지가 떠오르지 않는 경우가 많다.

고객의 입장에서 특정 이미지가 떠오르지 않는 건, 그 기업의 본질을 표현하는 상징이 없다는 것이다. 설령 그런 상징이 있다고 하더라도 그 상징을 통해 고객과 소통하는 힘이 약하다는 것이다. 이런 경우에는 컨설팅을 할 이유가 있다. 하지만 좋은 이미지가 바로 떠오르는 곳이라면, 굳이 컨설팅을 할 이유가 없다. 이미 브랜딩에 성공한 곳이기 때문이다.

　본격적으로 컨설팅을 시작하면, 첫 번째로 그 기업의 구성원들과 함께 '복숭아에 대해 말하기'를 시행해본다. 복숭아에 대해 말하기란, 복숭아를 가지고 30초 안에 떠오르는 30가지를 써보는 것이다. 이 과정을 해보면 어떤 일이 일어날까. 그 기업 구성원들의 현재 상태가 드러난다. 언뜻 쉬워 보이지만, 생각보다 어렵다. 30초가 매우 빨리 지나간다. 쉬운 말도 잘 생각나지 않는다. 10개도 말하지 못하는 사람도 많고, 아예 한두 개밖에 적지 못해 진행이 안 되는 곳도 있다.

　왜 그럴까. 첫 번째 이유는 전에 해본 적이 없어서이다. 자기 시각에서 무언가를 관찰하고 자유롭게 말해본 경험이 없는 것이다. 두 번째 이유는 '이걸 해서 뭐해?'라는 생각이 가로막고 있기 때문이다. '어린아이 장난 같은 브레인스토밍을 하려고 내가 여기 다니는 게 아니다.' 이런 부정적인 태도가 자유로운 연상 작용을 방해한다.

　그럼 이런 유치한 일을 왜 할까. '남의 말'이 아니라 '나의 말'을 찾기 위해서이다. 외부 사람들이 자신의 기업을 보고 뭐라고 평가하는지 말해보라고 하면, 의외로 편안하고 자유롭게 이야기한다. '남의 이야기'이기 때문이다. 반면 자기 기업에 대해 자신이 느끼는 바를 이야기해보라고 하면, 이상하게 솔직해지지 않는다.

그러나 어떤 브랜드든 찾아야 하는 것은 남의 눈을 빌려서 하는 평가가 아니라, 이 브랜드를 만드는 나만의, 우리만의 고유한 마음이다. 그러려면 자기 마음 깊은 곳을 파헤쳐야 한다. 솔직해져야 하고 장애물이 없어야 한다. 그 기초 작업으로 복숭아에 대해 30가지 말하기를 먼저 해보는 것이다.

어느 기업 대표가 자사의 직원들과 함께 브랜드를 만들어 달라고 의뢰했다. '좋다, 싫다'라는 말없이 그 회사로 갔다. 그리고 직원들과 함께 '복숭아에 대해 말하기'를 진행해보았다. 그 자리가 끝나고 그분에게 말했다. "지금 직원들과 함께 브랜딩 작업을 하기는 어려울 것 같습니다. 아직 준비가 되어 있지 않습니다."

그 전까지는 의기양양했던 대표가 어떤 변명도 없이 바로 수긍했다. 자신들이 얼마나 준비되지 않았는지를 눈으로 선명하게 본 것이다. 우리 기업의 브랜딩을 새롭게 하는 일은, 무엇이든 '내 일처럼' 받아들이는 마음이 있어야 가능하다. 복숭아에 대해 10개도 이야기할 수 없다면, 아직 내 일처럼 적극적으로 커뮤니케이션할 마음가짐이 되지 않은 것이다. 이럴 때는 내부 구성원들로부터 '우리가 누구인지, 우리를 어떻게 설명할 것인지'에 대한 다양한 생각을 끄집어내기가 어렵다.

한창 사랑에 빠져 있을 때는 그 사람에 대해서 수십 가지를 이야기할 수 있다. 아무리 사소한 것이어도 중요하게 느껴진다. 그러나 애정이 식으면 그 사람에 대해서 한 가지도 이야기하기가 쉽지 않다. 그 사람과 관련된 중요한 일에도 별로 관심이 가지 않는다.

복숭아를 가지고 말하기를 가장 잘하는 사람들이 누구일까. 바로 어린아이들이다. 어린아이들은 자기만의 생각을 눈치 보지 않고 마구 쏟아내고 재미있어 한다. 브랜딩은 바로 어린아이 같은 마음으로 해야 한다. '나는 이게 너무 좋아요'라는 마음을 자기만의 방식으로 설명할 수 있어야 한다. 그래야 남들과 다른 차별화된 브랜드를 만들 수 있고, 오래갈 수 있다.

'나만 아는 것'을 찾아내라

'복숭아를 가지고 30초 동안 30가지 말하기'를 구체적으로 설명해보자. 각자 30가지를 다 쓰고 나면 두 사람씩 짝을 짓는다. 이왕이면 성향이 다른 사람과 짝을 짓는다. 그다음에 두 사람이 쓴 것 중에서 하나씩을 골라서 하나의 문장을 만든다.

예를 들어 복숭아를 가지고 '첫사랑'을 떠올린 사람과 '알레르기'를 떠올린 사람이 짝을 이룬다면, '복숭아는 첫사랑의 알레르기다'라는 문장을 완성하는 것이다. 서로 이질적인 것을 붙일수록 신선한 문장이 나온다. 이 과정을 통해서 같은 것을 두고 얼마나 다양하고 새로운 표현이 가능한지를 느끼게 된다.

어느 자리에서 누가 '고무장갑'을 말했다. 자기 어머니는 복숭아 털 알레르기가 있었는데, 자식들을 먹이기 위해 항상 고무장갑을 끼고 복숭아를 씻으시던 모습이 기억났다고 했다. 복숭아를 보고 어머니에 대한 추억을 떠올린 것이다. 그 설명을 듣고 모두가 공감하며 고개를 끄덕였다. 그 사람은 오로지 자기만의 생각에 집중했기 때문에 어린 시절 복숭아를 씻으시던 어머니의 고무장갑을 떠올릴 수 있었다. 그 사람만의 추억인데도 불구하고, 다른 어떤 단어보다 그 자리에 모인 모든 사람들에게 깊은 공감을 샀다. 이처럼 사람들을 감동시키는 것은 '누구나 좋아할 만한 것'이 아니라 '그 사람밖에 할 수 없는 것' '그 사람만의 마음'이다.

마케팅에서 중요하게 여기는 '심볼릭 스토리symbolic story'도 여기에서 찾을 수 있다. 심볼릭 스토리란 자신의 브랜드를 상징할 수 있는 이야기를 말한다. 오늘날 개개인 한 사람이 미디어가 되어 정보를 모으고 나누는 시대에, 내 브랜드와 내 제품이 다른 사람에게 전하고 싶은 이야기가 되느냐 아니냐가 중요해졌기 때문이다. 이와 같은 심볼릭 스토리를 찾는 것도 결국 '그 사람만 알고 있는 것'에서 출발한다.

누구나 새롭고 다른 것을 원하지만 찾지 못하는 이유는 여러 사람들을 쉽게 만족시키려고 하기 때문이다. 다르게 하는 걸 겁내지 말아야 한다. 자기만의 이야기와 이미지를 만들다가 실패하면, 그 실패는 역사가 되고 다시 도전할 수 있는 바탕이 된다. 그러나 다른 이들의 것을 모방하면, 잘되더라도 다음 것을 만들어내기가 어렵다. 또 다른 것을 모방하려고 두리번거리게 된다. 그러니 남의 것을 모방하느니 차라리 아무 이유도 없는 엉뚱한 것이 더 낫다.

서울의 한 베이커리 카페의 로고는 '물개'다. 카페를 열면서 디자이너에게 로고를 의뢰했는데 '커피'라는 범위 안에서 신선한 로고가 나오기 어려워서 애를 먹었던 것이다. 차일피일 일이 늦어졌다. '남들이 안 한 걸 하라는데, 도대체 남들이 안 한 게 뭐가 있냐'는 디자이너의 말에 '그럼 물개라도 넣든가' 해서 물개가 되었다고 한다. 사실인지 아닌지는 알 수 없으나, 분명한 건 이곳이 여느 베이커리 카페와 다른 개성으로 사람들을 사로잡게 된 데에는, 이 물개 로고의 역할이 매우 컸다. 사람들이 '그 카페 로고가 물개더라. 정말 신기하지'라며 사진을 찍고 공유했다. 이야기를 전할 매개체가 생겼기 때문이다. 만약 나만의 숨은 사연이 있는 엉뚱함이라면, 사람들은 더 환호한다. 복숭아를 가지고 말해보기는 그 과정으로 가기 위한 첫 단계다.

향기마저 브랜딩의 요소

복숭아에 대해 말하기가 잘되고 나면, 그
다음으로 '내 브랜드에 대해 30초 동안 30가지 말하기'로 넘어갈
수 있다. 이미 생각이 마구 쏟아져나오고, 그 생각을 공유하고 싶
은 욕구가 활발해진 상태에서는, 자연스럽게 '우리만의 것'이 무엇
인지 찾게 된다.

어느 에스테틱 회사에서 있었던 일이다. 브랜딩 작업을 시작하
면서, '우리 에스테틱은 ○○○이다'라는 문장의 빈 칸을 채워 오라
는 숙제를 냈다. 한 직원이 울먹이며 찾아왔다. 나이 50이 넘도록
이 회사에 근무하는 동안 이런 생각을 해본 적이 한 번도 없었던 것
이다. 아침부터 저녁까지 진심으로 애정을 갖고 일한 곳인데, 왜 이
빈 칸을 못 채우는 건지, 본인이 너무 속상했던 것이다. "숙제가 너
무 어렵습니다. 이 에스테틱이든 저 에스테틱이든 결국 예뻐지기
위해서 오는 곳인데, 우리 에스테틱만의 말을 찾으라니요."

그분에게 힌트가 되는 한 가지 사례를 들려주었다.

"제가 길을 가다 너무 예쁜 가게가 있어서 들어갔습니다. 굉장
히 특이하더군요. 차도 팔고, 그릇도 팔고, 옷도 팔고, 신발도 팔고,
향도 팔았습니다. 팔고 있는 물건의 공통점이 없는데, 묘하게 끌리
는 이유를 모르겠더라고요. 그래서 그곳 사장님에게 물어보았습
니다. '여기는 무엇을 파는 가게인가요?' 사장님은 이렇게 말했습

니다. '여기는 여유를 편집해서 파는 곳입니다.' 그러고 보니 그 매장에서 파는 옷 중에 몸에 딱 붙는 스타일의 옷이 하나도 없었습니다. 모든 게 넉넉하고 부드러웠습니다. 그제야 왜 옷가게에서 차나 향을 파는지 이해가 되었습니다. 삶의 여유를 느끼는 데 필요한 물건이었습니다. 어떤 사람들이 무슨 이유로 이 가게에 오는지, 너무 분명하게 느껴졌습니다."

그 이야기를 들은 직원 분의 표정이 달라졌다. 자신이 답을 발견했다는 것이다. 그러고는 이렇게 말했다. "우리 회사는 자신감을 만들어주는 곳입니다."

'자신감'이라는 말을 발견하면 그다음 단계로 나아갈 수 있다. 고객의 자신감을 만들어주는 에스테틱 회사라면 직원들의 유니폼은 어떤 색이어야 할까. 유니폼의 색깔이 고급스러운 검정이거나, 순수함을 강조하는 흰색이어서는 안 될 것이다. 소녀다움을 강조하는 분홍이나 귀여운 느낌의 노란색도 안 될 것이다. 아마 자존감을 상징하는 보라가 가장 잘 어울리는 색이 될 것이다.

이렇게 자신을 상징하는 색을 찾으면, 나중에 '요즘 핑크가 트렌드니까 우리도 핑크색으로 바꿔야 하지 않을까?' 이런 고민을 할 이유가 없어진다. 만약 경영의 위기가 온다면 '유니폼 색이 칙칙한가?'라는 이상한 고민이 아니라, '과연 우리는 고객에게 자신감을 주고 있는 걸까?' '요즘 고객들은 어떤 것을 자신감이라고 느끼는 걸까?'라는 바른 질문을 하게 된다.

자기만의 것을 갖고 있으면, 위기가 와도 바른 질문을 할 수 있고, 바른 해답을 찾아 변화할 수 있다. 그러니 시작할 때부터 자기의 본질을 찾는 과정이 필요하다. 이 과정 없이는 어떤 변화도 진화도 불가능하다.

이탈리아에 거터리지Gutteridge라는 남성복 브랜드가 있다. 1878년에 시작한 이 브랜드는 처음에는 고급 클래식 브랜드였으나 시대에 따라 변화해, 지금은 합리적인 가격에 퀄리티가 높은 브랜드로 폭넓게 사랑받고 있다. 옷값은 저렴하지만 옷의 스타일과 디자인, 매장 분위기, 직원들의 태도 등은 전통 있는 곳에서만 느낄 수 있는 멋과 격을 갖춘 것으로 유명하다. 이 브랜드에서 유명한 것이 또 하나 있다. 이 매장에서만 쓰는 전용 향수다. 매장에 들어서는 순간 이 향을 맡을 수 있고, 이 브랜드에서 파는 모든 물건에 이 향이 스며들어 있다. 이 향수를 따로 상품으로 팔기도 한다.

실제로 로마를 걸어가고 있을 때 겪은 일이다. 어떤 사람이 우리 일행 곁을 지나갔다. 그러자 일행 중 한 명이 이렇게 말했다. "아, 이 냄새. 그 브랜드 옷이구나!" 그러더니 자기가 이 브랜드를 얼마나 좋아하는지 이야기를 늘어놓기 시작했다.

옷은 입고 있는 모습을 봐서는 차별화가 잘되지 않는 제품이다. 아주 특이한 디자인이 아닌 바에야, 일부러 그 옷의 상표를 살펴보아야 브랜드를 확인할 수 있다. 그런데 이 의류 브랜드는 상표를 남들과 다른 점이 보이지 않는다면 어떻게 할까.
옷가게에서 전용 향수를 파는 140년 된 브랜드 거터리지.
다른 브랜드와 쉽게 구별되지 않는 의류 제품의 특징을
'향기'를 통해 보여준다.

보지 않고도 자기 브랜드를 사람들이 알아볼 수 있게 한 것이다. 향기를 통해 스쳐 가는 사람들조차 자신들의 옷을 기억하게 만들었다.

로마 사람들은 이 향을 맡으면 어떤 생각이 들까. '이 냄새. 우리 아버지가 입던 셔츠에서 나던 향이었어.' '나도 어른이 되면 저 향이 나는 옷을 입어야지.' '나와 똑같은 제품을 좋아하는 사람이 있구나.' 이런 생각이 절로 들 것이다.

나라 걱정보다
자식 걱정

앞에서 말한 가정간편식 사업계획은 어떻게 되었을까? 이 경우에도 똑같이 했다. 브랜드를 만들기 전에 '복숭아에 대해 30초 동안 30가지 말하기'를 하자고 했다.

복숭아로 말하기를 다 하고 나니, 표정이 달라졌다. 생각이 열린 것이다. 이번에는 커다란 스케치북을 가져왔다. 스케치북 한가운데 동그라미를 그리고 그 안에 '라애옥'이라고 적었다. 라애옥은 어머니의 이름이다. "자, 이제 어머니를 생각하면 떠오르는 것을 다 써보세요."

그리고 쓴 것들을 함께 살펴보았다. 어머니만의 특징을 보여주는 게 뭐가 있을까? 그때 '나라 걱정보다 자식 걱정'이라는 말이 눈에 들어왔다. 어머니가 평소에 입에 달고 사시는 말이라고 했다. "내가 나라 걱정을 할 틈이 어디 있냐, 자식 걱정하느라 정신없다."

이 문장을 본 순간 스케치북 맨 위에 '나라 걱정보다 자식 걱정, 라애옥'이라고 썼다. 써놓고 나니 어머니 이름이 마치 오래된 음식점 이름처럼 느껴졌다. 집에서 자식만을 생각하며 음식을 만드는 어머니의 마음이 떠올랐다. 어머니 이름 위에 한옥 지붕을 그려 넣었다. 어머니의 이름을 그대로 상표로 쓰면 되겠다는 생각이 들었다.

이렇게 되면 라애옥의 고객도 구체적으로 정의할 수 있게 된다. 집에서 먹는 음식에 대해 걱정이 많은 사람으로 고객이 정의된다. '바빠서 가정간편식을 주문해서 먹긴 하지만, 과연 안심하고 먹어도 될까?' 이런 걱정을 가진 사람들이 라애옥의 고객이 된다. 고객을 정의하고 나면 어머니의 레시피가 고객의 어떤 불편한 점을 해결해주고 있는지도 구체적으로 쓸 수 있게 된다.

간편식에 들어간 지나친 나트륨 함량을 걱정하는 이들에게는 '나라 걱정보다 자식 걱정인 라애옥은 소금을 많이 넣지 않는다'고 말할 수 있다. 불균형한 영양 섭취를 걱정하는 이들에게는 '나라 걱정보다 자식 걱정인 라애옥은 국물보다 건더기가 많다'고 말할 수 있다.

그러면 '나라 걱정보다 자식 걱정하는 어머니의 레시피로 만든 가정간편식 라애옥'의 상징 이미지는 무엇이 되었을까. 스케치북에 쓴 120개 중에서 찾을 수 있었다. 바로 '깨'였다. 자식이 조금이라도 더 맛있게, 더 고소하게 먹었으면 하는 마음이 '깨'로 나타나기 때문이다.

"이 깨 모양을 그리고, 그 위에 화룡점깨라고 씁시다. 라애옥의 모든 음식에는 깨가 뿌려져 있습니다. 끝까지 자식의 건강을 생각하는 마음, 화룡점깨입니다."

이렇게 하면 처음부터 끝까지 '어머니만의 것'을 성공적으로 설명할 수 있다.

어머니의 레시피로 브랜딩을 시뮬레이션하는 과정을 보면 느껴지는 바가 있을 것이다. 브랜딩은 거창하고 어려운 게 아니라, 자신만의 좋은 점을 발견하고, 그것을 잘 표현하는 상징을 찾는 일이라는 점이다. 이런 과정을 거치면 대기업이 한 것을 흉내 내고, 이미 성공한 다른 사람들이 해놓은 것을 모방하지 않고도 얼마든지 나만의 것을 찾아낼 수 있다. 아주 작은 가게여도, 자기만의 충성 고객을 가진 브랜드가 될 수 있다.

6가지 질문으로 만드는
브랜드 설계

"다른 회사로 오해받는 경우가 종종 있나요? 내 브랜드를 정확하게 보여주는 비주얼 콘텐츠로 브랜드를 홍보하세요."

이미지를 다운 받는 서비스를 제공하는 한 기업이 올린 광고 문구이다. 많은 사람들이 이 문구를 보면 뜨끔할 것이다. 여기저기 비슷한 이미지들이 넘쳐난다. 자기의 것을 만들기보다, 남들이 보기에 좋은 걸 빨리 갖다 쓰기 때문에 벌어지는 일이다. 이렇게 자기만의 이미지를 못 가지는 근본적인 이유는 브랜드 가치에 대한 '개념 설계'가 되어 있지 않기 때문이다.

이런 일이 벌어지는 데에는 경영자의 책임이 가장 크다. 기업의 대표들은 여기저기서 좋은 것을 많이 보고 다닌다. 우리 회사도 저렇게 하면 좋겠다는 마음이 마구 일어난다. 회사에 돌아와 일하기 바쁜 직원들을 붙들고 이야기를 쏟아낸다. '우리도 저렇게 하면 좋을 것 같아!' 그러면 직원들은 어떨까? 우선 대표의 말을 이해하지 못한다. 직원들은 한가하지 않다. 눈앞에 쌓인 실무로 바쁘다. 대표가 요구하는 수준의 일을 하려면 시간과 자원이 필요한데, 그 일에 필요한 인력도 경비도 일정도 주지 않는다.

그러면 이미지를 공유하는 사이트에서 대표가 말한 것과 유사한 이미지 몇 개를 찾아낸다. 그리고 대표에게 가져간다. "이런 느낌이 맞죠?" 대부분 이렇게 일이 진행된다. 그렇게 해서 비슷한 이미지의 광고물이 넘쳐나고, 기업은 어디서 본 듯한 제품을 계속 만들어내는 것이다. 이렇게 되지 않기 위해서는 자기 일에 대한 제대로 된 개념 설계가 필요하다. 이 개념 설계를 바탕으로 브랜딩을 강화할 비주얼 전략이 나와야 한다. 이 과정 없이는 사람들의 눈을 사로잡아 오랫동안 기억될 광고도, 매장도 만들어지지 않는다.

"브랜드 파워를 발휘하는 기업 대부분은 결국 경영 전략의 핵심으로 디자인적 시각을 갖고 있습니다." 일본 굿디자인컴퍼니 대표 미즈노 마나부의 말이다. 경영 전략이란 결국 '누구의 마음을 어떻게 사로잡을까'라는 말에 다름 아니라고 생각한다. 즉, 사람들의 마음을 파고드는 나만의 비주얼 전략을 찾으려면, 나를 필요로 하는 고객이 누구인지, 나는 무엇을 하는 사람인지에 대한 개념 설계부터 되어 있어야 한다.

나는 비주얼 컨설팅 의뢰가 오면, 직원들과 먼저 대화하게 해달라고 한다. 기업 대표의 입장에서는 갸우뚱한 일이다. 일을 맡겼으니 멋진 디자인 시안을 갖고 오면 될 일이지, 왜 직원들과 대화하려고 할까?

'보여주는 일'은 세상과 내가 하는 대화다. 이 기업이 어떤 고객과 대화하려고 하는지, 이 기업의 고객이 무엇을 원하고 무엇을 불편해하는지를, 즉 이 기업의 '나는 누구인지'를 모르면 해당 기업의 비주얼 전략을 짤 수 없다. 그 답을 찾기 위해 직원들과 대화를 하는 것이다. 대화할 때는 모두 6가지 질문을 던진다. 그 질문들은 이렇다.

1. 우리는 어떤 곳입니까?
2. 우리 고객은 어떤 사람들입니까?
3. 우리 고객은 무엇을 불편해합니까?
4. 그럼 우리는 무엇을 해야 합니까?
5. 그 불편함을 해결하는, 우리는 무엇을 하는 사람들인가요?
6. 앞으로 우리는 어떤 이름으로 불리고 싶나요?

이 6가지 질문을 비주얼VISUAL이라는 단어에 맞게 바꾸면 이렇다.

V : Vocation (우리의 소명을 생각한다)

I : Illuminating (우리의 고객을 분명하게 이해한다)

S : Sounding (우리 고객의 의견을 듣는다)

U : Upgrading (우리 고객의 불편을 해결한다)

A : Aiming (우리의 목적을 재정의한다)

L : Linking (세상과 우리를 연결한다)

이렇게 비주얼의 앞 글자를 따서 다시 설명하는 이유는, 오늘날 모든 브랜딩에 비주얼 전략이 속속들이 들어가 있기 때문이다. 이 6가지 질문에 대한 답을 찾다 보면 지금 내 브랜드가 처한 문제가 무엇인지, 수면 위로 분명하게 떠오른다.

오프라인 서점을 대상으로 이 과정을 진행한다고 예를 들어보자. 첫 번째 질문 '우리는 어떤 곳입니까?'에서 '우리는 없는 책이 없는 서점'이라고 답했다고 하자. 그런데 두 번째 '우리 고객은 어떤 사람들입니까?'라는 질문에 '우리 고객은 온라인에서 사지 않고 오프라인에서 살 정도로, 진짜 책을 사랑하는 사람이다'라고 답이 나오면, 이 두 답변은 모순된 것이다.

이 모순이 보이면 현재 겪고 있는 문제가 무엇인지 드러나고, 해결책도 찾을 수 있다. 우선 '없는 책이 없는 서점'은 온라인 판매가 익숙해진 시대에 오프라인 서점이 계속 유지할 수 있는 본질이 아니다. 그리고 우리 서점의 고객도 온라인에서 찾을 수 있는 '수만 가지 책을 찾는 사람'이 아니라, '서점이라는 오프라인 공간을 좋아하는 사람'임을 알게 된다. 그렇게 되면 변화의 방향도 보인다.

'우리가 해야 할 일은 더 많은 책을 구비해두는 게 아니구나. 이 공간이 책을 사랑하는 사람들을 위한 공간이라는 것을 보여주어야 하는구나.' 이렇게 생각이 바뀐다. 그러면 이전에는 보이지 않던 문제들이 눈에 들어온다. 왜 책을 좋아하는 아이들이 쉽게 꺼내볼 수 없게 이토록 빽빽하게 책을 꽂았을까. 왜 책을 고르는 사람들이 인상을 찌푸리게 음식 매장이 서점 안에 있을까. 왜 책을 읽기에 너무 눈부실 정도로 매장 조명이 밝을까. 이렇게 내 고객이 겪고 있는 불편함이 눈에 보인다.

이 불편함을 해결하고 나면, 맨 처음 질문으로 돌아가 자신을 새롭게 재정의할 수 있다. '사람들이 책과 사랑에 빠지게 하는 곳이다.' 자신의 본질을 찾은 것이다.

이렇게 본질을 새롭게 정의하고 나면, 비주얼 전략도 여기에 맞추어 세울 수 있다. 사람들이 책과 사랑에 빠지는 공간은 어때야 할까? 아이들이 서서 책을 보는 게 아니라, 마음 편하게 앉아서 볼 수 있는 푹신한 바닥을 만들자. 책과 사랑에 빠져서 정신없이 책을 읽고 있는 사람들의 모습이 곳곳에 보이게 하자. 그렇다면 이들이 모여서 앉을 수 있는 긴 탁자를 놓으면 어떨까. 우리 서점의 로고는 책과 사랑에 빠진 사람을 상징하는 이미지이면 좋겠다.

이렇게 자기만의 비주얼 전략을 세우고 자기만의 상징을 찾게 되면, 이것은 누구도 모방할 수 없는 단단한 씨앗이 된다. 시간이 가면 갈수록 뿌리가 깊어지고, 열매가 풍성해진다.

70년 동안 명란젓을 만들어온 장인이 있다. 색소를 넣지 않고 나트륨도 줄인, 몸에 좋고 질 좋은 명란젓을 만든다. 이 세월을 바탕으로 자기만의 브랜드를 만들었다. 70년이나 만들었으니 하고 싶은 이야기가 얼마나 많을까. 그래서 처음 포장 용기는 한국의 전통

문양을 본뜬 로고에 명란 장인에 대한 빼곡한 설명으로 꾸몄다. 사람들의 반응은 신통치 않았다. 그래서 다시 생각했다.

'고객들은 왜 우리 명란젓을 좋아하는 걸까?'라는 질문을 던지고 나니, '넣지 않아야 할 것들은 다 뺀 고급 명란'이 자신들의 본질임을 발견하게 되었다. 이것을 깨닫고는 포장 용기에서도 뺄 것들은 다 뺐다. 디자인이 심플해졌다. 색도 단순해졌다. 흰색으로만 된 용기와 검정색으로만 된 용기. 이 두 가지만 사용하게 되었다. 단순하고 고급스러워지자 고객들의 구매가 폭발적으로 늘었다.

'하고 싶은 말을 참을 수 있는 사람이 최고의 고수'라고 했다. 즉, 70년의 세월을 한 문장으로 정의할 수 있어야 진정한 고수라는 것이다. 물론 처음부터 이렇게 할 수도 있었을 것이다. 그러나 그때는 자신에 대한 개념이 분명하지 않았으니 불안했을 것이다. 이 말도 넣고, 저 말도 넣어야 하지 않을까. 이렇게 자기 불안을 합리화했던 것이다. 만드는 사람이 불안해하면, 소비자들은 금방 눈치챈다. 자신감이 있으면 소비자들도 훨씬 우호적으로 바뀐다. 자기만의 개념을 바탕으로 자신감 있게 만들어낸 이미지만이 사람들의 눈길을 사로잡고, 오래 신뢰를 얻는다.

브랜딩은 쓰기에서 시작해
그리기로 끝난다

260여 년의 전통을 자랑하는 회사 파버카스텔은 필기구 회사다. 주요 제품은 연필이다. 디지털 시대에 아날로그의 상징인 연필 회사가 어떻게 살아남았을까. "저희는 우선 계속 연필을 팔 수 있다고 생각했습니다." 브랜드를 잘 정립한 기업들의 놀라운 점은 자신들이 '지속될 수 있다'는 믿음에서 출발한다는 것이다. 파버카스텔도 그랬다. 그래서 이들은 앞으로 문구가 필수품이 아니라 기호품이 되는 시대가 올 것이라고 예측했다. 그렇게 되려면 만년필을 단 한 자루도 안 사본 사람이 만년필을 사도록 하는 게 아니라, 좋은 만년필을 사본 사람이 또 만년필을 구매하게 하는 게 중요하다고 생각했다. 어떤 제품이어야 이미 만년필을 갖고 있는 사람이 다른 만년필도 갖고 싶어질까. 그래서 파버카스텔은 독특하고 다양한 디자인을 추구한다.

파버카스텔에서 생산하는 제품의 종류는 무려 3000여 개나 된다. 문구류라는 단일 범위 안에 있지만 선택의 폭이 굉장히 넓은 것이다. 한 번 구매해본 사람이 더 많이 구매하는 브랜드다.

제품 수는 많지만 다른 기업에서 나온 것과 비슷한 디자인의 제품은 없다. 이제까지 보지 못한 것을 만드는 데에 집중한다. 파버카스텔의 '이모션' 시리즈는 아담한 크기에 가운데가 불룩한 형태

독특한 디자인은 처음에는 사람들이 낯설어한다.
그러나 한번 자리 잡으면 쉽게 흉내 낼 수 없는
독특함 때문에 오래도록 사랑받는다.
브랜드가 자기만의 비주얼을 가져야 하는 이유다.

튀르키예 어린이들을 위한 파버카스텔 부스

의 필기구다. 원래는 어린아이들이 잡기 편한 디자인을 고민하다
가 나온 제품이었다. 그런데 디자인이 독특하니 점점 어른들도 관
심을 갖고 사기 시작했다. 이제는 파버카스텔의 대표 상품 중 하나
가 되었다. 이처럼 파버카스텔은 이전에 없던 제품만 만들기 때문
에 신제품이 나오는 데에 시간이 오래 걸린다. 처음 나왔을 때는
사람들이 매우 낯설어한다. 하지만 한번 자리 잡으면 흉내 낼 수
없는 독특함 때문에 계속 사랑받는다.

파버카스텔이 오래된 브랜드이지만, 항상 혁신적인 제품만 만
든다는 이미지를 갖고 있는 것도 이 때문이다. 묵직한 형태의 전통
적인 필기구만 만들 것 같지만, 파버카스텔은 세계 각지의 다양한
재료를 가지고 제품화한다. 인도의 코코넛 야자수로 만든 엠비션
코코넛 시리즈 같은 제품이 나온다. 아이들이 좋아하는 여러 캐릭
터와 컬래버레이션해 제품을 만드는 데에도 적극적이다.

파버카스텔의 디자이너들은 박람회장에 가면 다른 회사의 팸플
릿을 들고 오지 않는다. 남의 것을 옆에 두면 자신들이 영향을 받
는다고 생각하기 때문이다. 이것이 9대에 걸쳐 이 브랜드가 살아
남았던 비결이다.

이런 일이 어려운 게 아니다. 남의 것을 참고하지 않고도 얼마든
지 자신의 것에서 좋은 것, 새로운 것을 만들어낼 수 있다. 또 그것
을 사람들에게 전달하는 다양하고 구체적인 방법도 생각해낼 수
있다. 여기서 말한 '복숭아에 대해 말하기—내 브랜드에 대해 말

하기 — 6가지 질문하기 — 자신을 재정의하기' 개념 설계 과정을
통해 자기만의 슬로건, 브랜드명, 상징을 찾을 수 있다.

이 과정은 '쓰기'에 해당한다. 이 단계가 끝나면 이제는 비주얼
로 구체화하는 '그리기' 과정을 거치면 된다. 그릴 때는 반드시 손
으로 그려보는 게 좋다. 오늘날 많은 디자이너들이 손을 사용하지
않고 유사한 이미지를 검색해서 모으는 일부터 한다. 이미 만들어
져 있는 이미지를 스캔하고, 복사하고, 포토샵으로 만들어서는 좋
은 비주얼이 나오지 않는다. 자기만의 비주얼을 찾는 것은 멋진 이
미지를 만드는 일이 아니라, 전달하고자 하는 핵심을 설명하는 일
이다.

만약 에스테틱 기업이 자기 기업의 상징을 '고객을 자신감 있게
만들어주는 손'으로 정했다면, 그 손의 모양이 어때야 하는지를 다
양하게 그려보아야 한다. 직접 손가락도 그려보고, 손바닥도 그려
보는 것과 검색 사이트에 '손'이라고 쳐서 나오는 이미지를 찾는
것은 전혀 다른 결과를 낳는다. 직접 그려봐야 '단순하고 강력한
것'이 나온다.

디터 람스는 독일의 브라운을 세계적인 가전 기업으로 만들고,
애플에서 자신의 디자인을 열심히 참고하게 만든 것으로 유명한
전설적인 산업 디자이너이다. 그는 2013년 아트 센터 칼리지 오브
디자인ACCD, Art Center College of Design 졸업식 축사에서 이렇게 말했다.

"나의 신조는 '더 적게, 하지만 더 좋게Less, But Better'입니다. 혁신적인, 유용한, 심미안적인, 직관적인, 정직한, 절제된, 견고한, 세심한, 환경친화적인, 그리고 최소한의 디자인은 언제나 변치 않는 디자인의 10가지 원칙입니다. 우리는 이제 제품 간 경쟁에서 벗어나 소통과 가능성, 지속성의 경쟁으로 접어들고 있기 때문입니다. 미래의 소비자는 브랜드 뒤에 감춰진 기업의 진정한 철학과 미학에 더 민감해질 것입니다."

오늘날 좋은 물건은 넘쳐난다. 그 물건들 중에서 어떻게 나의 존재를 분명하게 사람들에게 각인시킬 수 있을까. 남들은 가져갈 수 없는 나만의 철학이 있고, 그 이유를 단순하고 직관적으로 커뮤니케이션할 수 있는 상징이 필요하다. 브랜딩에 성공한 것들을 보면 그들은 이런 방향으로 계속 진화하고 노력해왔다는 것을 알 수 있다. 당신의 복숭아는 어떻게 상징될 수 있는가. 한번 찾아보자.

부드러움을 눈에 보이게 하고

향기를 눈에 보이게 하고

공기를 눈에 보이게 하고

보이지 않는 것도 보이게 만드는 완벽한 브랜딩만이
사람들의 무의식에까지 스며들어 저절로 소비하게 만든다

공기까지
눈에 보이게 하라

*

브랜드가 자기 지위를 유지하는 법

*

나이키 에어가 롱런하는 이유

그들은 왜 어둠 속에서 피자를 먹을까

왜 향수 이름을 연필로 쓸까

비주얼 컨트롤, 스타트부터 애프터까지

100년 된 장갑 가게의 초록색 쿠션

잘 모르는 매장에 갔는데, 거기가 진짜 명품 매장인지 아닌지 어떻게 알 수 있을까. 내 대답은 이렇다. 서랍을 열어보면 안다. 서랍이 '드르륵' 열리고 '쾅' 하고 닫히면 명품 매장이 아니다. 명품 브랜드의 서랍은 '차르르' 열리고 '차르륵' 닫힌다.

이렇게 말하면 사람들의 표정이 '아하!' 하고 바뀐다. 서랍이 열릴 때 느낌의 차이를 기억하고 있는 것이다. '아, 그 기분 좋은 느낌이 있지.' 이런 경험에서 오는 공감의 눈빛이다.

명품 매장인지 아닌지가 서랍 하나에서 결정된다는 말은 과언이 아니다. 아무리 고급스러운 인테리어에 멋진 디자인으로 외관을 꾸몄다 해도, 사람들은 어떤 곳이 진짜이고 가짜인지를 귀신같이 알아챈다.

고객의 영혼은 디테일에 머문다. 겉으로만 보기 좋은 것이 아니라 보이지 않는 곳까지 좋은 게 스며들어 있는 것, 그것이 브랜딩의 완성이다. '드르륵'과 '차르륵'의 차이처럼 보이지 않는 것까지 설계해야 사람들의 마음에 남는다. 그런데 벌거벗은 임금님도 아니고, 어떻게 해야 보이지 않는 것까지 보이게 할 수 있을까.

나이키 에어가
롱런하는 이유

운동화를 좋아하는 사람들 중에 '나이키 에어' 하나 갖고 있지 않은 사람은 없을 것이다. 압축 공기를 주입해 자연스럽게 눌리게 만든 에어 밑창은 무려 1970년대 말부터 개발되었고, 나이키 에어맥스가 나온 것도 1979년이다. 아직도 러닝화라고 하면 사람들은 '나이키 에어'를 떠올린다. 이렇게 세대를 넘어가면서 에어를 사고 싶어 하는 사람들을 계속 만들어내는 나이키의 힘은 무엇일까. 뉴욕의 나이키 소호에 가면 그것이 무엇인지 알 수 있다.

2016년 11월, 뉴욕 소호에 들어선 5만 5000평의 5층 건물. 바로 나이키 소호다. 전 세계 나이키 매장 중 가장 큰 매장을 가득 채운 것은 나이키의 제품이 아니라 바로 '에어'라는 콘셉트다.

사람이 공기를 눈으로 볼 수 있을까? 여기서는 볼 수 있다. 나이키 에어가 진열되어 있는 벽면은 수많은 작은 팬들로 이루어져 있다. 러닝화를 집어 들고 살펴보는 동안 그 팬에서 들고 나는 바람이 고객의 얼굴과 몸에 가닿는다.

이뿐만 아니다. 매장 곳곳에서 나이키 에어의 공기가 보인다. 여기저기 바람을 잔뜩 넣은 투명 비닐 위에 나이키 에어를 올려놓았다. '공기' 위에 떠 있는 나이키 에어다. 또 다른 곳에서는 바람을 잔뜩 넣은 투명 비닐 케이스 안에 나이키 에어를 넣어놓았다. '공기'에 담긴 나이키 에어다. 투명한 '에어 의자'가 있어 고객들이 직접 앉아볼 수도 있다. 어른들은 의자가 터질까 겁을 내지만 어린아이들은 깔깔거리며 그 의자 위에 앉아서 논다. 아이들은 커서 나이키 에어의 고객이 되고, 나이키 에어를 신고 달리면서 그 의자를 추억하게 될 것이다.

매장 안에서 나이키 에어를 신고 직접 뛰어볼 수도 있다. 매장 안에 농구 코트가 있고 함께 뛸 농구 코치까지 있다. 비단 뉴욕의 나이키 소호만이 아니라, 전 세계 주요 도시의 대표 나이키 매장에는 어디나 러닝머신이 있는 것으로 유명하다. 디지털 기술을 이용한 대형 모니터를 설치해 러닝머신 위에서 뛰는 고객의 눈앞에 공원의 풍경이 펼쳐지고, 뛰는 속도에 맞추어 풍경이 바뀌도록 해놓았다. 공원에서 들리는 바람소리, 새소리도 들린다.

15여 년 전에 뉴욕 나이키 매장에 갔을 때, 나이키의 러닝머신 옆에는 누구나 그 자리에서 자신의 발 크기에 맞게 골라 신을 수 있는 신발들이 놓여 있었다. 더욱 놀라운 것은 뛰고 난 뒤에 땀을 사람이 공기를 눈으로 볼 수 있을까? 여기서는 볼 수 있다.
나이키 에어가 진열되어 있는 벽면은
수많은 작은 팬들로 이루어져 있다.
러닝화를 집어 들고 살펴보는 동안 그 팬에서 들고 나는 바람이
고객의 얼굴과 몸에 가닿는다.

닦을 수 있는 수건과 목을 축일 생수까지 준비되어 있었다는 것이다. 러닝머신까지는 예상했지만, 수건과 생수까지 놓여 있는 것을 보면서 나이키가 얼마나 고객 중심으로 사고하는지를 확연하게 느낄 수 있었다.

나이키는 고객들에게 보여줄 것이 무엇인지를 너무 잘 아는 기업이다. 나이키 소호에서는 항상 다양한 '쇼'가 벌어진다. 내가 방문했을 때는 에브루라는 터키의 마블링 염색 기술을 이용한 '나만의 나이키 운동화'를 만드는 과정이 펼쳐지고 있었다. 매장에서 나이키 운동화를 사면, 즉석에서 에브루 기법으로 염색 물감을 묻혀준다. 세상에 단 하나뿐인 무늬를 가진 운동화가 탄생한다. 이렇게 탄생한 운동화에 고객이 자신이 원하는 밑창과 끈의 종류를 선택하면, 완벽하게 맞춤으로 제작된 제품을 고객의 집까지 배달해준다. 이 과정은 모두 '쇼'처럼 공개된다.

나이키 매장의 수많은 사람들이 스마트폰으로 운동화 염색 장면을 사진 찍고 동영상 촬영을 하고 있었다. 전 세계에서 온 수백 명의 사람들이 나이키의 홍보대사가 되는 순간을 눈앞에서 본 것이었다.

이렇게 나이키 매장은 사람들을 가만히 있게 놔두지 않는다. 만져보고, 뛰고, 느끼고, 찍고, 공유하게 한다. 현대 마케팅의 구루인 세스 고딘은 "소비자들은 마케팅의 공모자다"라고 말한 바 있다.

중국 상하이 나이키 매장

바람이 나오는 팬에서부터 러닝머신까지,
나이키 매장은 고객의 행동 설계를 촘촘하게 하는 곳이다.
사람들이 이곳에서 가져가야 할 브랜드 이미지가
어떻게 형성되는지 잘 알고 있다.

나이키가 자신들의 매장을 이렇게까지 공들여 운영하는 이유는 고객이 팬이 되고 곧 마케터가 되느냐 아니냐가 이곳에서 결정된다고 보기 때문이다.

이 매장의 모든 것이 '나이키 에어'의 핵심 콘셉트를 보여주고, 느끼게 하는 것을 목적으로 설계되어 있다. 눈에 보이지 않는 것을 보이게 하는 일이 행동 설계로까지 이어지는 완벽한 브랜딩이다. 나이키의 모토는 이것이다. "체험하게 하라. 충성할 것이다."

반면 나이키의 경쟁자인 아디다스는 어떨까. 뉴욕 나이키 소호에서 걸어서 10분 정도 되는 곳에 아디다스의 플래그십 스토어가 있다. 아디다스 플래그십 스토어의 콘셉트는 경기장이다. 매장 전체를 경기장처럼 꾸며놓고 내부에 관중석을 만들어, 이 매장에 들어온 사람들이 쉬고 머물 수 있게 했다. 그리하여 사람들이 정말 쉬기만 한다. 관중석처럼 생긴 공간에 앉은 사람들의 시선이 향하는 곳은 아디다스 매장 내부의 어떤 곳이 아니라 바깥의 풍경이다. 아디다스 안에 있지만 아디다스의 고객이 아닌 셈이다.

그들은 왜
어둠 속에서 피자를 먹을까

이제 브랜딩은 물건을 파는 일이 아니라, 어떤 '특별한 경험'을 제공하는 일이다. 옆 가게가 아무리 텅텅 비어 있어도, 꼭 이곳에서 먹어야 하는 이유가 있으면 사람들은 몇 시간씩 줄을 선다. 음식이 필요해서가 아니라 먹는 체험을 소비하러 간 것이기 때문이다.

그런데 안타깝게도 많은 곳들이 나이키가 못 되고 아디다스가 된다. 그 이유는 '성공적인 브랜딩은 행동을 유발해야 한다'는 목표를 간과하기 때문이다. 아디다스의 스타디움처럼 경기장이라는 콘셉트는 있으나, 이 경기장에 들어온 고객들이 아디다스의 정체성을 가지고 무엇을 할 것인지 '콘셉팅'은 되지 않는 것이다.

브랜딩에서 비주얼 전략은 눈만 만족시키는 일이 아니라 행동을 유발하기 위한 일이다. 슈퍼마켓에서 수박을 팔 때 반으로 잘라 빨갛게 잘 익은 속이 보이게 수박을 놓아둔다. 그러면 그 옆의 자르지 않은 수박도 잘 팔린다. 눈으로 속을 확인했기 때문에 사람들이 마음 놓고 한 통을 사 들고 가는 것이다.

반대로 브랜딩에서 비주얼이 컨트롤되지 않으면 부정적인 행동을 유발한다. 똑같은 옷을 팔아도 탈의실의 조명과 배경색에 따라 옷이 더 잘 팔리기도 하고 안 팔리기도 한다. 만약 탈의실 안이 차가워 보이는 흰 벽에 조명까지 어둡다면, 새 옷을 입고 근사해졌을 자신을 기대하고 들어갔던 손님이 실망한 채 나올 것이다.

소비자에게 보여줄 수 있는 가장 좋은 비주얼은 뭘까. 바로 줄을 선 사람들, 북적이는 사람들이다. 나이키 매장의 가장 큰 구경거리는 운동화 염색 과정 자체가 아니라, 그 과정을 보겠다고 둘러선 사람들과 일제히 스마트폰을 들고 동영상을 찍고 있는 사람들이고, 에어 의자 위에서 놀고, 농구장에서 뛰는 사람들이다. 나이키 매장은 그 비주얼을 만들어낸 것이다.

미국 LA에 갔을 때의 일이다. 그곳에 사는 친구가 "줄 서서 먹는 피자 가게가 있다"며 나를 데려갔다. 화려하고 멋진 곳일 거라 생각했는데, 간판도 없는 허름한 작은 가게였다. 가게 안에 들어가니 너무 캄캄했다. 바로 앞사람도 잘 안 보였다. 그런 가게 안에 딱 한 군데, 천장에서 한 줄기 빛이 떨어지는 곳이 있었다. 3단으로 된 피자 진열대였다. 오로지 피자에만 조명이 있었다. 루브르 박물관의 〈모나리자〉를 보듯이 피자를 바라보았다.

카운터에서 피자를 주문하니 점원이 빛나는 진열대에서 피자를 꺼내 왔다. 귀한 작품을 건네받듯 조심조심 손을 내밀어 피자를 받았다. 가게가 너무 어두운 데다 의자도 없어 문밖으로 나와 길에 서서 먹기 시작했다. 주변에는 나처럼 길에 서서 피자를 먹는 사람들이 즐비했다. 거리가 그들이 손에 들고 있는 피자 냄새로 가득

찼다. 매장 밖의 길거리에서도, 음식점의 가장 좋은 비주얼 '맛있게 먹는 사람들의 모습'이 사람들을 유혹하고 있었다.

내 가게가 비록 작고 허름하지만 피자 맛만큼은 최고라는 것을 어떻게 사람들에게 보여주고 체험하게 할 수 있을까. 이 가게의 주인은 그런 고민을 '조명'으로 해결한 것이다.

이 피자 가게는 사람들이 특별한 피자를 먹었다는 느낌을 받게 하기 위해, 조명을 남들이 생각하지도 못한 수준으로까지 조정했다.

조명으로 인해 고객의 행동도 달라진다. 우선 제품에 집중하게 된다. 이 가게에 들어온 거의 모든 고객들이 피자 진열대 사진을 찍었다. 어둠 속에서 피자만 오롯이 빛나고 있는데, 어떻게 사진을 안 찍을 수 있겠는가. 이렇게 특별한 체험을 한다고 느끼게 만들면, 밖에 나와 서서 피자를 먹어도 사람들은 불편하다고 느끼지 않는다.

이 가게는 당연히 오래갈 것이다. 아무리 오랜 세월이 지나도 사람들이 기억하고 또 찾아가고 싶어 할 곳이기 때문이다. 나부터 다시 LA에 들르게 된다면 '그 가게 아직도 있을까? 가봐야겠다'라는 마음부터 들 것이고, 지인 중에 LA에 가는 사람이 있다면, 그 가게를 꼭 가보라고 추천하게 되지 않을까.

왜 향수 이름을
연필로 쓸까

파리 마레 지구에 갔을 때의 일이다. 거리를 걸어가는데 눈에 띄는 가게가 있었다. 특별한 게 있을 것 같은 느낌이 들어서 가던 길을 도로 돌아와 들어갔다. 그곳은 향수 가게였다.

매장 내부는 거울을 잘 이용해 꾸며, 실제보다 훨씬 넓어 보였다. 그 가운데 한 남자가 앉아 있었다. 최근에 좋은 향수를 하나 출시했는데, 한번 맡아보지 않겠냐고 물어왔다. 좋다고 대답하고 향수를 뿌려주기를 기다렸다. 그런데 그 직원은 향수병은 꺼내지 않고 먼저 종이 한 장을 꺼내더니 그 위에 연필로 사각사각 뭔가를 적기 시작했다. 다 적고 나더니 그 종이에다 향수를 뿌려서 나에게 건네주었다.

향수를 테스팅할 경우, 향수를 직접 사람들의 손목에 뿌려주거나, 그냥 흰 종이나 혹은 자신들의 브랜드가 미리 인쇄된 종이에 뿌려주는 경우가 대부분이다. 그런데 이렇게 손수 연필로 향수 이름을 쓰고, 그 종이에 향수를 뿌려서 주니 마치 정성스러운 편지를 받은 듯한 감동이 일었다. 향수 이름이 뭐냐고 물었다. '지나가다가'라고 알려주었다. 향수 이름이 왜 '지나가다가'지? 의아해하는 내 표정을 보더니 직원이 이렇게 설명했다.

"사람들은 향기가 좋으면 '지나가다가' 뒤돌아보게 됩니다. 이 향수를 만든 조향사는 향기로 우리가 할 수 있는 것은 뭘까, 향기로 어떤 상황을 연출할 수 있을까, 그런 걸 생각했어요. 향기가 좋으면 멈추게 되고, 다시 고개를 돌려서 보게 되고, 들어오게 되지요. '지나가는' 사람들을 사로잡는 향수라는 뜻에서 '지나가다가'라고 이름을 붙인 겁니다."

그러면서 이 향수를 만든 조향사의 초상화를 손으로 가리켰다. 가게 안에는 이 브랜드의 향수를 만들어온 조향사들의 초상화가 걸려 있었다. 조향사들의 초상화 역시 모두 연필로 그린 것이었다. 그제야 향수 이름을 종이에 연필로 써서 준 게 우연이 아님을 깨달았다. 오늘 갑자기 일어난 일이 아니라, 1~2년 동안 해온 일이 아니라, 이 매장의 직원이라면 누구나 똑같이 하는 일인 것이다.

만약 종이에 '지나가다가'라는 이름을 써주지 않았다면, 이 향수가 가지고 있는 의미가 이렇게까지 선명하게 보이지는 않았을 것이다. 나에게 준 종이는 이제 향수를 테스팅하는 종이가 아니라, 그 조향사의 마음이 표현된 증거물이 되었다. 그 종이를 쉽게 버릴 수가 없었다.

이 가게는 향수 브랜드 프레데릭 말Frederic Malle의 매장이었다. 설립자 프레데릭 말은 3대에 걸친 향수 전문가로, 그는 향수를 예술 작품처럼 대해야 한다고 생각했다. 그래서 조향사들을 마치 유명 작가들처럼 내세우고, 자신의 기업을 '향수 출판사'처럼 운영한

다. 이러한 자기 브랜드의 철학을 보여주기 위해, 연필로 그린 조향사들의 초상화를 매장에 걸고, 종이에 연필로 향수의 이름을 적어주는 것이다. 프레데릭 말은 인간만이 줄 수 있는 서비스가 무엇인지를 제대로 느끼게 해주었다. 사람들은 이런 것에 만족을 느끼고 끌리게 되어 있다.

브랜딩에 성공한 곳들을 보면, 이미 긴 시간 익숙해졌기 때문에 자신들은 특별하다고 생각하지 않는 어떤 놀라운 일관성이 있다. 그런 일관성이 촘촘하게 지켜지는 곳들은 시대가 아무리 빠르게 변해도 자신의 결을 잃지 않고 계속해서 사랑받는다.

그렇기 때문에 새로 시작하는 사람일수록 더욱 촘촘하게 자신의 비주얼을 컨트롤하겠다는 생각을 가져야 한다. 나이키 러닝머신 옆의 수건처럼, 파리 향수 가게의 연필처럼, 그런 것들까지 만들 줄 아는 이들은 남들과 비슷하게 시작해도 그 끝이 다르다. '나중에 여유가 생길 때 더 잘하면 되겠지.' 이런 마음을 갖고 있으면 결국 아무것도 하지 않게 된다. 좋은 것이든 나쁜 것이든, 한번 익숙해지면 바꾸기 어렵기 때문이다.

비주얼 컨트롤,
스타트부터 애프터까지

어느 날 SNS에 '펭귄을 분양합니다'라는 글이 올라왔다. 누가 어디서 어떻게 펭귄을 나눠준다는 걸까.

보습용 화장품을 대표 제품으로 내세우는 닥터자르트는 2004년에 만들어진 브랜드다. 닥터자르트가 운영하는 플래그십 스토어는 시즌별로 콘셉트는 달리하는데, 그중 노란 펭귄을 이용했던 2018년 겨울 시즌의 반응이 폭발적이었다. 그간 닥터자르트의 플래그십 스토어는 젊은 예술가들과 컬래버레이션을 많이 해왔다. 예술적 작업들이 멋져 보이기는 했지만, 닥터자르트의 브랜딩을 강화하는 일은 아니었다. 그랬던 닥터자르트가 달라졌다. 자신의 본질에 대해 다시 질문했기 때문이다. 노란 펭귄은 그 질문에 대한 답으로 등장한 것이었다.

닥터자르트의 펭귄은 추운 겨울 메마른 피부에 보습이 필요한 사람을 상징한다. 펭귄이 노란색인 이유는 닥터자르트의 겨울철 보습용 화장품의 포장이 노란색이기 때문이다. 또한 닥터자르트는 매장 전체를 목욕탕으로 만들고, 노란 펭귄을 목욕탕을 이용하는 사람처럼 배치했다. 사람이 자기 피부가 가장 촉촉하다고 느낄때가 언제일까. 바로 목욕을 하고 막 나왔을 때다. 그만큼 높은 보습력을 자랑하는 화장품임을 직관적으로 보여준 것이다.

마치 사람처럼 줄을 쭉 서 있는 노란 펭귄 모형들을 따라 매장 안으로 들어가면, 매장 안에서 닥터자르트의 각종 제품을 발라볼 수 있다. 이 매장은 겉만 목욕탕처럼 꾸며놓은 것이 아니라, 실제 달려 있는 수도꼭지를 돌리면 물이 나온다. 수돗가에 옆에 놓여 있는 거품 비누로 손을 깨끗이 씻은 다음 핸드크림을 발라볼 수 있다. 보통 화장품 가게에서 화장품을 발라볼 때 씻지 않은 손으로 바르기가 꺼려질 때가 있는데, 여기서는 이 불편까지 해결한 것이다.

겨울 시즌이 끝나고 다른 콘셉트로 매장을 바꿀 때가 되자, 닥터자르트는 어떻게 했을까. 이 펭귄들을 폐기처분하지 않고, 고객들에게 나눠주는 이벤트를 열었다. 고양이를 키우는 사람들을 '고양이 집사'라고 하듯, '펭집사'를 모집했다. 모집 페이지에는 펭귄의 출생 이력, 제조 과정을 담은 동영상 등 노란 펭귄에 대한 세세한 설명도 함께 올렸다. 닥터자르트 플래그십 스토어에 와서 이 노란 펭귄들을 경험하고 자신들의 SNS에 사진을 찍어 올렸던 고객들부터 열광적으로 반응했다. "매일 목욕시켜주겠습니다" "우리 강아지랑 친구가 되게 해서 외롭지 않게 하겠습니다" 등 펭귄을 사람처럼 여기는 신청 댓글이 올라왔다.

마지막으로 고객의 집에 펭귄 모형을 배달하는 사람들이 노란색 유니폼을 입고 간 것에서 보듯, 닥터자르트의 비주얼 컨트롤은 애프터서비스까지 완벽했다. 어떻게 고객의 마음에 스며드는지

자기 브랜드의 상징 이미지가 의인화되어 고객과 일치되고
그 일치된 이미지가 다시 제품으로 연결될 때
이미지가 갖는 힘은 더욱 강력해진다.
모든 좋은 이미지 뒤에는 '맥락'이 있다.

너무나도 잘 보여주었다.

브랜딩을 생각할 때 '시작'만 생각해서는 이와 같은 설계가 불가능하다. 처음부터 '애프터'까지 생각해야 사람들이 열광한다. 그리고 시작부터 애프터까지 전 과정을 컨트롤할 수 있으려면, 자기 제품의 가치를 완벽하게 이해하고 있어야 한다.

닥터자르트는 외부의 화제가 되는 요소를 끌어들인 게 아니라, 자신들의 내부에 집중했다. 트렌드가 무엇인지를 고민하지 않고 오로지 자신들의 제품을 제대로, 충분히 보여주기 위한 일을 한 것이다. 우리 보습용 크림은 추워진 날씨에 아무리 거칠어진 피부라도 촉촉하게 만들 수 있다. 그러면 가장 추운 곳은 어디지? 그곳에는 누가 살지? 사람들이 자신의 피부를 촉촉하게 느낄 때가 언제지? 이렇게 하여 의인화된 노란 펭귄이 나왔고, 그 펭귄을 마치 고객을 대하듯 '살아 있는 것처럼' 다루었기에, 실제로 고객들의 집 안까지 들어가게 된 것이다.

'왜?'가 있는 일만이 사람의 마음속을 파고든다.

100년 된 장갑 가게의
초록색 쿠션

고객의 무의식까지 내 브랜드를 스며들게 하려면, 내가 보여주고 싶은 것이 아니라 고객이 보고 싶어 하는 것을 생각해야 한다. 쇼윈도에 내 제품을 얼마나 멋지게 진열할까만 상상하지 말고, 탈의실 안 거울에 비친 고객의 모습을 상상해야 한다. 그래야 서랍의 열고 닫는 느낌, '드르륵'이 아닌 '차르륵'까지 만들어낼 수 있다.

가게에 들른 고객의 입장에서 갖고 가고 싶은 게 비단 물건뿐일까? 고객으로서 받아야 하는 존중감도 클 것이다. 그 존중감도 눈에 보여줄 수 있다. 피렌체 마도바Madova의 쿠션이 바로 그 증거다.

마도바는 100년이 넘은 자그마한 장갑 가게다. 1919년 할아버지 아메데오는 가족의 생계를 책임지기 위해 작은 장갑 가게를 열었다. 1945년 전쟁 때문에 문을 닫았지만, 자손들이 힘을 모아 가게를 되살렸다. 이 가게에 들어서면 제일 먼저 초록색의 동그란 쿠션이 눈에 들어온다. 이게 무엇에 쓰는 물건일까.

어리둥절한 나에게 마도바의 점원이 웃으며 말했다. "장갑 끼어 보실래요?" 고개를 끄덕이자 그 초록색 쿠션을 가져왔다. 쿠션 위에 팔꿈치를 올리라는 거였다. 그제야 비밀이 풀렸다. 푹신한 쿠션에 팔꿈치를 대고 있으면 원하는 장갑을 찾아서 끼워주는 것이다.

이번에는 나무로 된 이상한 모양의 집게를 가져왔다. 집게는 뻑뻑한 새 장갑을 벌려서 손이 쉽게 들어가게 해주는 물건이었다. 고급 드레스도 아니고, 장갑 하나를 끼어보는 일에 이토록 세심한 배려라니.

쿠션에 팔꿈치를 올려놓고 잘 벌려진 장갑을 착용해보았다. 뻑뻑한 가죽 장갑이 스르륵 들어와서 손가락 사이에 착 달라붙었다. 마치 실크와 같은 착용감이었다. '이 장갑은 꼭 사야 해.' 이런 마음이 확 들었다. 장갑을 끼는 순간 구매를 결정하게 만드는 힘은 바로 그들이 내게 보여준 세심한 배려에서 나왔다. 쿠션에 팔꿈치를 올렸을 때의 포근함과 폭신함, 적당하게 벌려진 장갑에 손을 넣을 때의 부드러움과 편안함이 있었기에 가능했다. 마도바는 고객에게 장갑을 낄 때 최고의 느낌을 주고 싶었던 것이다. 고객을 진심으로 배려하는 데에서 나온 디테일이다. 오래된 곳들은 고객의 눈에 보이지 않는 불편까지 없애기 위해 최선을 다한다는 것을 다시한 번 느낀 순간이었다.

이런 세심한 배려가 유명 브랜드나 비싼 물건을 파는 곳에서만 가능한 것은 아니다. 서민들이 주로 이용하는 전통시장도 이와 같은 설계를 할 수 있다. '오사카의 부엌'이라고 불리는 일본의 구로몬 시장은 170년의 역사를 자랑하는 곳이다. 이곳의 한 과일 가게 앞에 많은 사람들이 줄을 서서 무엇인가를 열심히 주워 담고 있었

사람들을 존중하는 마음도 눈에 보이게 할 수 있다.
100년 된 장갑 가게의 팔꿈치 쿠션 하나가
구매를 결정하게 하는 비법이 되기도 한다.

다. 바로 딸기였다. 왜 미리 팩에 딸기를 담아두지 않고, 저렇게 팔까? 그런데 딸기에 뭔가 이상한 게 달려 있었다. '저게 뭐지? 이쑤시개인가?'

가까이 다가가서 보니 이쑤시개가 아니라 딸기 꼭지였다. 한국에서는 대부분 딸기 꼭지를 짧게 잘라 미리 팩에 담아놓는다. 하지만 구로몬 시장의 이 딸기 가게에서는 꼭지를 5센티미터 정도 남기고 잘라서, 사람들이 원하는 딸기를 직접 고를 수 있게 해놓은 것이다. 이렇게 팔면 매우 번거롭고 귀찮을 텐데, 왜 이렇게 하는 걸까. 주인의 답변은 이랬다. "봄이 와도 봄을 즐길 수 없는 바쁜 도시인들에게 잠깐이라도 봄을 선물해주고 싶었어요."

하루하루가 바쁜 도시 사람들이 직접 딸기를 따러 갈 시간이 어디 있겠는가. 그래서 시장에서 파는 딸기지만, 진짜 밭에서 딸기를 따듯 고를 수 있는 시간을 주고 싶다. 이것이 그 주인의 마음이었다.

우리는 빨리, 많이 팔기 위해 규격화된 팩에 담아놓는다. 그러나 이 가게의 주인은 정반대의 생각으로 사람들의 마음을 사로잡은 것이다. 꼭지가 길게 달려 있으니 더 신선해 보이고, 직접 골랐으니 딸기는 더 좋아 보였다. 실제로도 좋은 딸기일 게 분명했다. 이런 주인의 마음이 보이니 사람들이 길게 줄을 서는 것이었다.

구로몬 시장의 딸기 가게 주인만 이런 마음을 갖고 있는 게 아니었다. 시장 통로를 걷다가 깜짝 놀랐다. 바닥이 대리석으로 되어 있었다. 처음 들어설 때 어딘가 재래시장 같지 않은 느낌이 들었던 것은 바로 대리석 바닥 때문이었다. 폭 4미터 정도의 넓은 동선을 확보하고 대리석을 깐 이유는 자전거를 많이 타고 다니는 일본 고객들의 라이프스타일에 맞춘 것이라고 했다. 시장에 자전거를 타고 와 쇼핑할 수 있으니, 주변의 마트나 백화점보다 오히려 더 접근성이 좋아졌다. 게다가 회색과 푸른색의 고풍스러운 대리석 바닥은 이곳 시장의 상품을 더욱 좋아 보이게 하는 역할을 했다. 마치 이곳을 찾는 사람들의 자존심까지 대변하는 듯했다.

구로몬 시장 또한 거대 자본을 앞세운 대형 유통 업체들 때문에 어려움을 겪었다. 그들이 찾은 해답은 '양'이 아니라 '질'이었다. 더 싸게, 더 많이 주는 것이 아니라, 시장을 찾아오는 고객들이 다른 어떤 곳을 가는 고객들보다 더 좋은 대접을 받게 하겠다는 상인들의 마음이 시장 곳곳에서 묻어났다. 이런 생각이 재래시장 바닥에 대리석을 깔 수 있게 만들었던 것이다.

15년 전 핀란드 헬싱키에 갔을 때의 일이다. 그 전에 1달 동안 인도 여행을 하고 갔던 터라 매우 지쳐 있는 상태였다. 특별한 곳을 다니지 않아도 헬싱키의 맑고 상쾌한 공기만으로 충분히 위로가 되었다. 그러다 현지인들이 즐겨 찾는 레가타Regatta라는 카페에 가게 되었다. 통나무로 만든 작은 카페였다. 손때 묻은 핀란드 전통 인형과 각종 소품에서 이 카페가 얼마나 오랫동안 사랑받아왔는지 한눈에 알 수 있었다.

커피와 시나몬 빵을 시켜 발트해가 바라다보이는 야외 테이블에 앉았다. 커피가 너무 맛있어서 금방 다 마셔버렸다. 리필을 하려고 카운터로 갔다. 리필을 하면 추가 금액을 내야 할 것 같아서 지갑을 뒤적이고 있었다. 그런데 가게 주인이 미소를 지으며 커피와 함께 핀란드 동전 중에서 크기가 가장 큰 5센트짜리 동전을 건넸다. '아니, 도리어 내게 왜 돈을 주지?' 주인이 말했다.

"우리 가게의 커피를 이렇게 맛있게 드셔주셔서 제가 더 감사합니다. 그래서 리필하시는 분께 감사의 표시로 이 동전을 드리는 거예요." 내 커피의 맛을 알아줘서 고맙다는 주인의 마음이, 그 5센트짜리 동전으로 형상화되어 내 손바닥 위에 놓여 있었다. 리필 커피를 마시는 내내 그 동전을 바라보았다.

나는 강의를 할 때마다 이 레가타 카페 이야기를 하고, 책에도 썼다. 내 책을 읽은 독자 중에 핀란드에 갔을 때 레가타 카페를 일부러 찾아가봤다는 사람도 있었다. 나에게는 그 5센트짜리 동전에 보답해야겠다는 마음이 아직도 머물고 있는 것이다. 이런 마음을 가지게 된 사람이 세상에 어디 나 혼자뿐이겠는가. 그 카페가 오랫동안 발트해 앞에 자리할 수 있었던 이유는, 그 주인이 자신의 마음을 보여줄 줄 아는 사람이었기 때문이다. 5센트짜리 동전은 마음이 비주얼로 표현된다는 게 무엇인지 보여주었다. 그리고 그 동전은 고객이 그곳을 다시 찾게 만드는 이유가 된다.

사람들이 오래 기억하는 제품은
자기만의 역사와 스토리가 있다.

남들에게 기대지 않고 자신을 설명하는
'나만의 뿌리'를 만들려면 어떻게 해야 할까?

만약 내 제품에 고향이 있다면 그곳은 어디일까? 상상해보라.

⑤

내 고향은
어디인가

✳

뿌리가 없는 것은 브랜드가 아니다

✳

목욕탕 우유에서 연인들의 우유로

바나나맛우유의 고향은 어디인가

내 제품의 뿌리를 찾아서

켄싱턴 경의 케첩 만들기

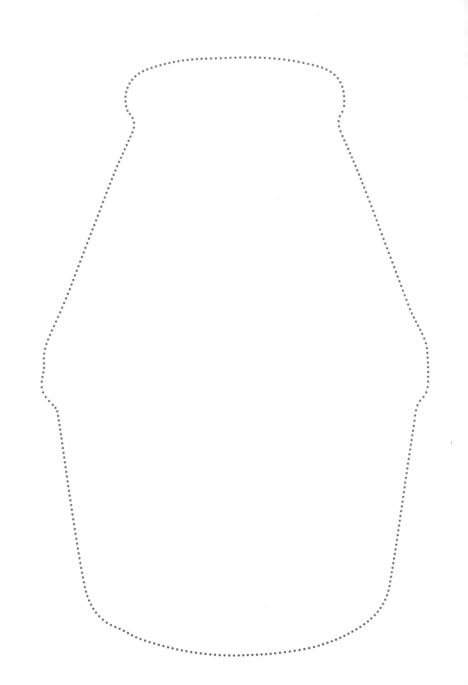

주변에서 오래가는 제품을 한번 떠올려보자. 주로 먹는 게 많다는 것을 알 수 있다. 먹고 마시는 것은 인간의 본능적인 행위다. 눈으로 보고 코로 냄새 맡고 혀로 맛보며 오감을 쓰고, 여럿이 함께 할 수 있는 일이라 더 강한 경험으로 남는다. '맛은 추억으로 기억된다'라는 말이 있듯이 먹는 제품은 소중한 추억과 함께하기에 더 오래간다.

빙그레 바나나맛우유는 우리나라 사람들에게 가장 오랫동안 사랑받아온 제품 중 하나다. 어른들에게는 어린 시절 부모님과 동네 목욕탕을 갔다 올 때면 하나씩 손에 들고 오던 추억의 상징이다. 지금도 편의점에서 가장 많이 팔리는 제품 1위다. 2005년 빙그레는 이 우유 하나로 연매출 1000억 원을 넘어섰다. 이런 엄청난 제품이지만 2012년부터 2016년까지 바나나맛우유 매출이 정체되기 시작했다. 많은 곳들이 하락할 때 뭔가를 바꾸지 정체할 때 바꾸지 않는다. 그런데 빙그레는 하락할 때 바꾼 게 아니라, 정체된다 싶을 때 바꾸는 일을 시작했다. 빙그레는 2016년 동대문에 '옐로우카페'를 열었다.

옐로우카페는 오로지 바나나맛우유만을 위한, 바나나맛우유로만 이루어진 공간이었다. 이 카페에서는 바나나맛라테와 같이 바나나맛우유를 사용한 다양한 음료를 판매했다. 음료 외에도 바나나맛우유의 모양을 본뜬 열쇠고리, 바나나맛우유를 먹기 위한 기발한 전용 빨대 등 재미있는 상품들을 선보였다. 반응은 폭발적이었다. 옐로우카페에 들어가기 위해 사람들은 줄을 서서 기다렸다. 개장 초기 옐로우카페의 월매출액은 1억 원에 달했다. 이 작은 오프라인 매장 하나의 인기에 힘입어 바나나맛우유는 2017년 수출을 포함, 무려 2000억 원이라는 사상 최대의 매출을 올렸다. 대단한 반전이었다.

옐로우카페에서 파는 음료나 상품이 아주 특별하지는 않다. 핵심은 '이곳에서만' 먹을 수 있다는 점이었다. 상품도 계속 파는 게 아니라 한정판으로 판매했다. 이런 '희소성'이 마니아층을 빠르게 결집시켰다. 무엇보다 옐로우카페는 음료나 상품을 파는 곳이 아니라 '놀 수 있는 곳'으로 설계되었다. 이곳에 오면 연인과 함께 독특한 모양의 빨대로 마시는 일을 할 수 있다. 친구들끼리 와서 집채만 하게 생긴 바나나맛우유 모형을 만져보며 놀 수도 있다. 편의점에서 파는 바나나맛우유와 별 차이 없는 음료를 몇 배 가격을 지

자기 브랜드를 상징하는 공간에서
새로운 고객들이 새로운 추억을 쌓게 만들어야 한다.
옐로우카페에서 젊은 세대들은 친구와 연인과 추억을 쌓는다.
바나나맛우유에 얽힌 추억이 부모와 자식에 대한
이야기에서 진화하는 것이다.

불하고 사 먹는 이유는, 옐로우카페라는 공간 자체를 소비하게 만들었기 때문이다.

고객들은 자신이 좋아하는 콘셉트가 생기면 그것을 가지고 행동하고 싶어 한다. 많은 매장들이 아이스크림 앞에 고객들이 직접 떠먹을 수 있게 스푼과 접시만 갖다놓으면 고객들이 행동하고 경험할 것이라고 생각한다. 그렇지 않다. 어떤 아이스크림을 떠서, 어디로 가서, 어떻게 놀아야 하는지까지 설계해야 고객들은 움직인다. 옐로우카페는 그 욕망을 채워주기 위해 마시고, 놀고, 충전하고, 소유하고, 공유할 수 있도록 촘촘하게 설계했다. 이것이 진정한 행동 설계다.

그런데 어떻게 매장 하나가 이토록 어마어마한 성공을 이끌어낼 수 있었을까. 옐로우카페를 찾아오는 사람들이 아무리 많다고 해도, 그 매장을 직접 경험하는 사람들의 숫자에는 한계가 있을 텐데, 어떻게 다시 바나나맛우유를 사 먹는 사람들의 수가 폭발적으로 늘었을까.

목욕탕 우유에서
연인들의 우유로

오프라인 공간에서의 행동 설계가 확실한 효과를 거두려면 이 설계가 브랜드의 핵심을 뚫는 '한 가지'를 중심으로 이루어져야 한다. 빙그레는 그것을 갖고 있었다. 오랜 세월 '변하지 않은 것' '오직 바나나맛우유만이 갖고 있는 것', 바로 단지처럼 생긴 용기이다.

옐로우카페를 보면 한눈에 이 카페의 모든 공간이 바나나맛우유의 용기 모양을 기본으로 하고 있음을 알 수 있다. 천장에 달린 조명의 모양, 매장 안에 붙어 있는 거울들, 카페 안에서 갖고 놀 수 있는 공기놀이의 상자 모양까지. 모든 것이 바나나맛우유 용기인 단지 모양으로 생겼다.

이곳의 포토존은 특별한 그림이 그려져 있지 않다. 벽면에 바나나맛우유의 단지 모양으로 커다란 틀을 만들고, 그 안에 다시 바나나맛우유들을 쭉 늘어놓았다. SNS에서 옐로우카페를 검색하면 사람들은 마치 약속이나 한 것처럼 똑같은 이미지의 사진을 올린다. 바로 이 포토존의 사진이다. 그래서 온라인을 타고 수없이 공유되고 확산되는 것은 사실은 '옐로우카페'가 아니라 바나나맛우유라는 제품을 매력적으로 보여주는 단 하나의 이미지다. 수많은 사람들이 무한 반복해서 송출하도록 비주얼 설계를 한 것이다.

옐로우카페의 장소 선정 또한 주효했다. 10대와 20대가 주로 찾는 쇼핑몰이 많은 동대문이라는 지역의 특성으로 인해, 이용 고객들은 바나나맛우유에 대한 추억이 상대적으로 희박한 젊은 세대였다. 지금의 10대와 20대에게는 부모님과 함께 동네 목욕탕을 다녀오면서 바나나맛우유를 사 먹던 기억이 없다. 대신 그들은 여기 이 카페에서 또래들과의 추억을 쌓았다. 바나나맛우유에 얽힌 추억이 부모와 자식에 대한 이야기에서 친구와 연인과의 이야기로 진화한 것이다.

젊은 세대들은 '단지 우유'라는 예스러운 별명 대신 '뚱바(뚱뚱한 바나나맛우유)'라는 새로운 애칭으로 바나나맛우유를 부른다. 이 제품을 젊은 세대들이 자신들의 방식으로 사랑하기 시작한 것이다. 젊은 세대들만이 아니다. 동대문은 해외 관광객들이 특히 많은 곳이다. 이들 또한 옐로우카페에 들러 사진을 찍고 동영상을 촬영해 자신들의 SNS에 올린다. 이미지는 문자가 아니기에 언어의 장벽이 없다. 바나나맛우유의 새로운 고객들이 세대와 국경을 넘어 재생산되었다.

오프라인 공간에서의 행동 설계가 확산 효과를 낳으려면
이 설계가 브랜드의 핵심을 뚫는 '한 가지'를 중심으로
이루어져야 한다. 옐로우카페는 그것을 갖고 있었다.
바로 '단지 모양'이다.

바나나맛우유의
고향은 어디인가

'비주얼 해머Visual Hammer'라는 말이 있다. 소비자의 머리에 제품의 '개념'을 인식시키는 못을 박기 위해서는 '이미지'라는 망치가 필요하다는 말이다. 성공적인 브랜딩일수록 이 비주얼 해머가 강력하다. 그리고 제품 자체가 비주얼 해머일 때 그 효과가 가장 크다. 바나나맛우유가 계속 승승장구할 수 있었던 것은, 바나나맛우유라는 제품이 자기만의 독보적인 비주얼을 갖고 있고, 이것을 오래 유지했기 때문이다. 그런데 바나나맛우유는 어떻게 이런 독특한 모양을 가질 수 있었을까. 바나나맛우유가 처음 나왔던 1970년대만 해도, 우유와 바나나는 고급 음식이었다. 우유는 서구의 음료라고 생각했고, 특히 바나나는 서민들은 거의 맛볼 수 없는 귀한 과일이었다.

당시 사람들에게 낯선 제품을 만들면서 빙그레(당시의 퍼모스트)는 이 음료를 코카콜라처럼 모양만 봐도 제품을 바로 알아볼 수 있는 디자인으로 만들어야겠다고 생각했다. 여느 기업들이 선진국의 제품을 모방하던 것과 정반대로 방향을 잡은 것이다. 그래서 나온 게 지금의 단지 모양이다. 이 모양은 도자기 박람회에서 본 '달항아리'에서 영감을 얻었다. 사회가 급속도로 근대화되면서 농촌에서 도시로 올라와 고향을 그리워하는 이들이 많던 시대, 낯설지만 영양 많은 유제품을 '우리 것'으로 친숙하게 여기도록 만들겠다는 철학이 이 디자인에 녹아 있었던 것이다.

이 제품을 출시할 당시에 반대가 많았다고 한다. 손으로 잡기도 힘들고, 유통을 하거나 보관하기에는 더더욱 불편했기 때문이다. 하지만 이 디자인을 고집했다. 심지어 당시 국내에서는 이 용기 모양을 제대로 구현할 기술이 없어서, 독일에서 용기를 만들어 들여왔다고 한다. 그리고 그 모양을 50년 동안 유지해왔다.

중국에 진출했을 때 처음에는 유통 문제로 사각 종이팩 바나나맛우유를 출시했다. 그러나 기대했던 것만큼 팔리지 않자, 여러 가지 어려움을 무릅쓰고 다시 원조 단지 모양으로 바꾸었다. 모양을 바꾸자 사람들의 반응이 달라졌다. 한국에서 먹던 바로 그 바나나맛우유임을 알아보게 된 것이다. 원조 모양으로 바꾼 이후 바나나맛우유는 중국에서 한 해 만에 2.5배의 성장을 기록했다.

바나나맛우유의 원유 함량이 출시 때부터 지금까지 국내 모든 가공유 중에서 가장 높다는 사실까지 알고 나면, 이 단지 모양의 가치가 더 높게 느껴진다. 비주얼에 가치관이 담겨 있을 때, 그 비주얼은 자기만의 근거를 가지게 되고, 오래갈 수 있는 잠재력을 얻는다.

빙그레는 옐로우카페만이 아니라 바나나맛우유와 컬래버레이션한 다양한 제품들을 선보인다. 바나나맛우유 모양의 화장품을 출시해 젊은 세대들의 사랑을 받았다. 이때도 화장품에서 단지 모양과 색상을 유지하는 것이 핵심이었다. 친숙한 것이 된다는 의미는 매일매일 접할 수 있는 브랜드가 된다는 뜻이다. 마시는 것만으로는 매일 옆에 두기 힘드니까 바르는 제품으로도 보여주는 것이다. 본질은 변하지 않되 변화하는 세상에 자연스럽게 스며들기 위한 노력을 끊임없이 하고 있는 셈이다.

내 제품의
뿌리를 찾아서

사람의 마음을 사로잡는 비주얼은 어떤 특징이 있느냐는 질문을 종종 받는다. 좋은 비주얼 뒤에는 자신의 뿌리를 생각하는 마음이 있다. 1970년대만 해도 우유를 잘 못 먹는 사람들이 많았다. 그런 한국인들의 불편함을 조금이라도 덜어주고, 더 친근하게 느끼게 하겠다는 마음이 단지 모양의 가공유를 만든 것이다. 그래서 전 세계 어디에서도 찾아볼 수 없는 모양이 탄생했다.

만약 내가 바나나맛우유의 철학이 무엇인지 모르는 디자이너였다면, 아마 일반적인 우유통에 색만 노랗게 칠하지 않았을까. 달항아리를 고향으로 삼은 바나나맛우유처럼, 내 제품의 고향은 어디인지 내 제품의 뿌리는 무엇인지를 생각하면 그 누구도 모방할 수 없는 브랜딩 방법을 찾게 된다.

휴스턴에 갔을 때의 일이다. 현지에 살고 있는 지인과 장을 보러 가게 되었다. 그곳에 들어갔을 때 생전 처음 보는 놀라운 장면이 펼쳐졌다. 채소가 냉장 진열대가 아닌 얼음 조각들 사이에 박혀 있었다. 당근도 양배추도 수박도 얼음 속에서 빼꼼히 고개를 내밀고 있었다. 첨단 냉장 장비가 즐비한 시대에 이런 방식이라니. 특별한 이벤트인가. 함께 간 사람에게 물었다. "이거 왜 이렇게 하는 건가요?" 이런 답이 돌아왔다. "글쎄요. 제가 처음 올 때부터 항상 이렇게 되어 있어서요."

이유는 있었다. 채소의 뿌리 쪽과 이파리 쪽에 필요한 온도가 다른데, 기계로 된 냉장 진열대에 넣으면 똑같은 온도에 놓이게 되어 이파리 쪽이 빨리 시든다고 한다. 또한 재료마다 적정한 냉장 온도가 다른데 냉장 진열대에 다 같이 넣으면 그 차이를 맞춰줄 수 없다는 것이다. 얼음에 채소와 과일을 재워두는 방식을 쓰면, 각 재료의 특성에 따라 온도를 조절할 수 있다는 것이다. 그래서 냉장고가 없던 시절 채소를 보관하던 옛날 방식을 그대로 쓰고 있었다. 이 가게의 이름은 센트럴마켓Central Market 이다. 센트럴마켓은 식자재가 매우 신선하고 다양하기로 손에 꼽히는 곳이다.

'우리는 이 지역 사람들에게 신선한 식자재만 제공한다'는 철학이 센트럴마켓 비주얼의 뿌리다. 그런 철학 때문에 얼음을 일일이 부어주는 것도 일이고, 바닥에 떨어진 얼음을 계속 닦아줘야 하는 번거로움도 있지만, 꿋꿋하게 이 방식을 고수하는 것이다.

센트럴마켓은 식자재를 옛날 방식으로 얼음 속에 진열한다.

이파리 부분과 줄기 부분에 필요한 냉장 온도가 다르기 때문이다.

옛것이 더 좋기 때문에 그것을 고수하고 있다.

그것이 오래가는 고객을 만든다.

텍사스에서도 이런 장면을 보았다. 할아버지부터 손자까지 즐겨 가는 곳이라며 나를 데려간 그 식당에는 접시가 없었다. 대신 테이블 위에 종이를 쭉 편다. 그러면 그 종이 위에 카운터에서 주문해서 받아 온 바비큐를 올려놓고, 소스도 짜고, 샐러드도 올린다. 사람들은 여럿이 둘러앉아 고기와 빵을 손으로 찢어서 소스에 찍어 먹다가, 배부르게 다 먹고 나면 그 종이에 남은 뼈를 둘둘 싸서 버렸다.

1989년에 시작한 루디스Rudys는 미국 전역에 체인점이 있지만 그 스타일은 철저하게 텍사스식이다. 루디스는 미국 개척시대에 형성된 텍사스 외곽의 작은 공동체에서 시작된 기업이다. 이 거칠고 투박한 식당이 살아남을 수 있었던 것은 개척시대에 고생하던 선조들의 거친 시절을 자랑스럽게 생각하는 마음이 있었기 때문이다. 자신들이 먹는 음식의 뿌리를 생각했기에 이와 같은 스타일을 만들고 유지해올 수 있었다. 오늘날에도 계속 살아 있는 그 가게만의 독특함이 되었다.

1989년에 시작한 루디스. 이 거칠고 투박한 식당이
살아남을 수 있었던 것은 개척시대에 고생하던 선조들의 거친 시절을
자랑스럽게 생각하는 마음이 있었기 때문이다.

켄싱턴 경의
케첩 만들기

사람들에게 무엇을 보여준다는 일은, 자신의 철학을 전달하는 일에 다름 아니다. 그 철학을 진솔하게 보여주는 '하나'를 어떻게 찾을까? 이렇게 질문해보면 된다. "만약 내 브랜드에 뿌리가 있다면, 그건 무엇이 될까?" 이런 생각을 하다 보면 아직 역사를 갖고 있지 못한 새로운 도전자도 자기만의 뿌리를 찾아낼 수 있다.

기숙사에서 만들어진 케첩, '켄싱턴 경의 케첩Sir Kensington's Ketchup'도 그렇게 탄생했다. 두 명의 대학 졸업생이 어느 날 '케첩은 왜 하인즈밖에 없는 건가?'라는 의문을 품게 되었다. '정말 하인즈가 최고의 케첩인가?' '내가 직접 만들면 더 맛있는 케첩을 만들 수 있지 않을까?' 이런 생각이 들자 레시피를 검색해서 기숙사에서 손수 케첩을 만들기 시작했다. 그렇게 만든 케첩을 주변 친구들에게 맛보게 하고, 점수를 매기게 했다. 다른 음식과의 궁합은 보지 않고, 오로지 케첩만 먹어서 맛있는가가 기준이었다. 대학 기숙사에서 시작한 케첩 개발은 두 사람의 졸업 후에도 이어졌다. 각자 직장을 다니면서 계속 '케첩다운 케첩'의 레시피를 찾는 데 몰두했다. 8년 뒤 그들이 만든 최적의 케첩은 하인즈에 비해 설탕이 50%, 나트륨이 33% 적었다. 재료에서 유전자조작농산품과 가공식품첨가물도 모두 뺐다.

그런데 이런 맛있고 질 좋은 제품을 알릴 길이 없었다. 그들은 '정말 좋은 케첩은 어디에서 왔을까'를 생각하게 되었다. 그리하여 찾은 게 영국의 켄싱턴 경이다. 옥스퍼드 대학을 졸업한 켄싱턴 경은 동인도 회사에서 일하며 전 세계 미식가들과 교류했다. 그가 러시아 여왕의 요청으로 케첩을 만들었는데, 이 케첩이 너무 맛있어서 이때부터 '케첩의 왕'으로 불리게 되었다. 이 켄싱턴 경의 이름을 따서 브랜드명을 짓고, 켄싱턴 경의 얼굴로 로고를 만들었다. 영국 신사가 먹던 고급 케첩이니, 케첩의 용기도 짜서 쓰는 플라스틱 용기가 아니라 퍼서 쓰는 유리병으로 만들었다. '영국 신사가 먹는 진짜 고급 케첩', 켄싱턴 케첩은 이렇게 탄생했다. 그리고 2016년 창업 10년 만에 미국의 홀푸드에서 하인즈를 제치고 케첩 판매 1위를 차지했다. 켄싱턴 경 이야기가 없었다면 불가능했을 일이었다.

물론 이 이야기는 허구다. 켄싱턴은 가상의 인물이다. 그러나 사람들은 이 사실을 거부감 없이, 오히려 즐겁게 받아들인다. 만약 켄싱턴 케첩이 '하인즈보다 더 좋은 점'을 강조하고자 했다면 이와 같은 스토리텔링도, 상표명도, 로고도 생각해내지 못했을 것이다.

자기의 뿌리를 생각한다는 건 바로 이런 뜻이다. 켄싱턴 케첩은 하인즈와 비교하지 않고, 자신을 설명하는 데에 집중했다. 내 제품의 뿌리가 어디일지 상상했다. 이후 켄싱턴 케첩은 제품군을 확장

자기 제품의 뿌리를 상상하면 다른 것과 비교하지 않고,
자신을 설명할 수 있다.
그 설명을 바탕으로 하는 이미지를 만들어내면
사람들의 기억에 오래 남을 수 있는
맥락이 만들어진다.

하지도 않았다. 마요네즈, 머스터드, 랜치 이렇게 세 가지만 늘렸을 뿐이다. 자신의 뿌리를 튼튼하게 하기 위한 선택이다. 이렇게 하여 10년 된 켄싱턴 케첩은 140년 된 하인즈를 물리쳤다.

유서 깊은 건축물로 유명한 프랑스의 도시 릴에 가면 1761년에 문을 연 메르트Meert라는 260여 년이나 된 디저트 전문점이 있다. 색색의 마카롱, 화려한 장식의 케이크 등 눈으로 보는 것만으로도 황홀한 디저트들이 많지만, 이곳에서 가장 유명한 것은 정작 아무 장식 없는 평범한 와플이다.

보통 와플은 동그란 모양인데, 메르트의 와플은 얇고 기다란 형태다. 원형보다는 직사각형에 가깝다. 릴은 벨기에와 가까운 곳이다. 그래서 맥주, 감자튀김 등 벨기에의 영향을 받은 음식들이 많다. 이곳에 와플이 있는 것도 그 때문이다. 하지만 메르트는 동그란 벨기에 와플을 그대로 팔지 않고, 자기만의 모양을 만들었다. 메르트의 와플은 얇고 길어서 입에 넣기 편하다. 동그란 와플보다 훨씬 더 우아하게 먹을 수 있다. '프랑스 사람들이 먹는 와플은 다르다'라고 말하는 듯하다. 샤를 드골 전 대통령이 좋아한 와플로도 유명해, 프랑스 사람이라면 누구나 사랑하는 디저트가 되었다.

맨 처음 와플을 가게의 디저트 품목에 넣기로 했을 때를 상상해 본다. 유행하는 제품을 가져와서 판다고 생각했으면 이런 형태가 가능하지 않았을 일이다. 다른 데에서 가져왔지만 앞으로 내 것으

다른 이에게서 배워왔더라도, 시간이 지났을 때
내가 '원조'가 될 수 있는 건 뭘까.
그런 생각을 하면 익숙한 제품이라도
비주얼을 바꿀 수 있는 방향이 보인다.
메르트의 기다란 와플은 벨기에의 것이 아니라
오로지 프랑스의 것이다.

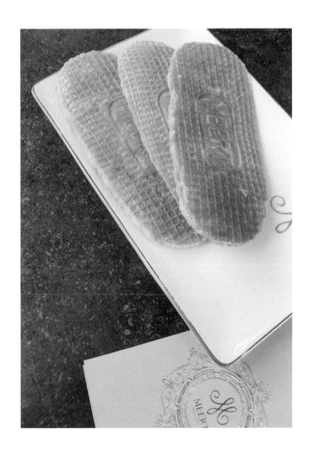

로 뿌리 내리게 해야겠다는 생각이 이와 같은 비주얼을 탄생시켰고, 이제는 프랑스에 오는 전 세계 관광객들이 이 와플을 찾게 되었다.

지금은 내가 만든 브랜드가 낯설고 새로운 것이지만, 언젠가는 내 것도 '원조'가 되고, 오래된 것이 된다. 오랜 시간이 지난 후에도 어떻게 계속해서 사람들의 마음을 설레게 할 수 있을까, 이런 생각이 있을 때 사람들에게 보여주는 것이 달라진다.

미국에서 한 슈퍼마켓에 갔을 때의 일이다. 이 슈퍼마켓의 매장은 깨끗하지도 세련되지도 않은 데다, 사람들의 눈을 끄는 광고물도 없었다. 직원들도 깔끔한 흰색 유니폼이 아니라, 새나 동물이 그려진 편안한 티셔츠를 입고 있었다. 제품 정리도 잘되어 있지 않았고, 곳곳에 나무 상자가 널려 있었다. 그런데 매장 안은 사람들로 미어터졌다.

지역에서 유기농 농사를 짓는 작은 농가들을 모아서 만든 마켓이었다. 이곳의 철학은 이랬다. 유기농 제품은 비싸다. 돈이 없는 사람들은 사 먹기 힘들다. 그러나 누구에게나 건강은 중요하다. 주머니가 가벼운 사람들도 유기농 제품을 먹게 해주고 싶다. 만약 유기농 제품이 저렴하고, 그래서 더 많은 사람들이 사 먹을 수 있게 되면 어떨까. 판매가 많아지면 유기농을 하는 농가들도 더 늘어날 거고, 그러면 공급이 늘어나니 유기농을 계속 저렴하게 먹을 수 있지 않을까. 이런 선순환 구조를 만들기 위해 시작한 곳이다.

그래서 이 슈퍼마켓에는 포장된 제품이 없다. 광고도 없다. 불필요하게 들어가는 모든 비용을 없앴다. 진열대도 나무로만 되어 있고, 그 어떤 장식도 없다. 유기농 제품을 싸게 팔면서 인테리어를 멋지게 한다는 건 불가능하다. 이런 방식으로 누구도 따라 할 수 없는 자기만의 매장의 모습을 만들어냈다. 자기 뿌리에 대한 믿음이 튼튼하고, 그 뿌리가 이곳 사람들에게 깊이 박혀 있기 때문에 가능한 일이다.

일본의 디자이너 나가오카 겐메이가 만드는 잡지가 있다. 이 잡지는 1년마다 1권씩 나온다. 나가오카 겐메이는 어떤 지역을 정하면 그 지역에 가서 2달 동안 산다. 하루 이틀 취재로 끝나는 게 아니라 지역 사람들의 삶에 깊숙이 들어간다. 그래서 그 지역의 오래된 음식, 가구, 옷, 카페, 맥주 등 온갖 것들을 정성스레 취재하여 잡지에 담는다.

"내가 죽을 때까지 다 할 수 없을 거예요."

나가오카 겐메이는 차마 물어보지 못한 말을 이렇게 먼저 말하면서 웃었다.

"왜 이런 일을 하는 건가요?"

"사람들이 지방으로 돌아갈 수 있게 만들고 싶어서입니다. 시골의 삶이 얼마나 가치 있는지를 알게 되어, 고향으로 돌아가게 만들고 싶습니다.”

나가오카 겐메이는 자신은 더 이상 새로운 디자인을 하지 않겠다고 선언했다. 자꾸 새로운 것을 만들어내어, 멀쩡한 물건을 버리게 만드는 일에 죄책감이 든 것이다. 대신 오래된 디자인을 새롭게 보여주는 일을 하겠다고 결심했다. 그 결심의 결과물이 바로 이 잡지였다.

처음 이 잡지를 만들 때는 지역에 찾아가도 취재가 어려웠다. 사람들이 마음의 문을 잘 열지 않았고, 이런 일을 해서 무슨 소용이 있냐는 눈초리도 있었다. 그러나 이제는 ‘이번에 우리 지역이 선정되었대’라는 소문이 나면, 해당 지자체부터 그곳에 오래 살아온 할아버지, 할머니가 서로 알려줄 게 있다며 모여든다고 한다.

나도 그동안 상품과 가게를 ‘좋아 보이게 하는 일’을 해오면서, 수시로 질문했다. 과연 내가 하는 일이 정말 세상에 필요한 일인 걸까. 나가오카 겐메이도 똑같은 고민을 했다고 한다.

그에게 좋은 비주얼이란 무엇인지 물어보았다. 그는 이 질문에 ‘제품의 고향을 찾아주는 일이 나의 디자인이다’라는 답을 찾았다고 말했다.

과거에 이런 이야기를 많이 들었다. “쓰레기를 갖다놓아도 연출해서 팔아야지.” 안타깝게도 이런 일은 벌어지지 않는다. 쓰레기를 진열하면 쓰레기일 뿐이다.

지속되는 고객을 만들고 싶다면 자기 뿌리를 튼튼히 하는 일부터 해야 한다. 로고, 주제 색, 인테리어, 진열 방식 등은 나무에 달린 열매다. 열매가 신통치 않다면 뿌리가 약하기 때문이다. 좋은 열매를 보여주고 싶다면, 내 뿌리는 어디에 있는지, 그 뿌리는 어떤 상태인지부터 살펴봐야 한다. 뿌리는 겉에서는 보이지 않는다. 몸으로 부딪치고 현장에서 체험하고, 고객들과 직접 대면하는 곳까지 파고들어야 보인다.

성공하는 브랜드는 자신을 설명하는 고유한 비주얼을 갖고 있고, 그것들은 모두 튼튼한 뿌리에 기대고 있다. 자기 뿌리가 있는 비주얼만이 유행에 휘둘리지 않고 계속 사람들에게 사랑받는다. 나는 어떤 나무인가부터 생각해보자. 내 뿌리는 어디에 있을까. 내 고향은 어디일까. 그게 다가올 미래에 '원조'가 되는 길이다.

'필요'에서 '사치'로,
'사치'에서 '가치'로 옮아가고 있는 소비.

자랑할 수 있는 소비는 살아남고
자랑할 수 없는 소비는 외면받는다.

나를 자랑스럽게 여길 새로운 고객은 누구인가?

익숙해진 고객보다 처음 만난 이들의 시선을 따라가자.
거기에 '가치'의 시대를 살아낼 해답이 있다.

소비는 반복되지만
항상 새롭다

＊

세대를 넘어 지속되는 브랜딩하기

＊

180년 된 티파니는 왜 카페를 열었나

MZ세대의 소비는 어떻게 이루어지나

레트로 열풍은 항상 있었다

고객의 세대 교체가 가능하려면

"슬플 때면 그냥 택시를 타고 티파니에 가요. 그럼 금방 기분이 좋아져요. 그 조용함과 고고함이 있죠. 거기선 나쁜 일은 생기지 않아요. 티파니 같은 느낌을 주는 진짜 집을 구할 수 있으면, 그땐 가구도 사고 고양이 이름도 지어주겠어요."

1962년에 개봉한 영화 〈티파니에서 아침을〉에 나오는 대사다. 이 영화에서 전설의 여배우 오드리 헵번은 가난한 텍사스 농부의 아내 역을 맡았다. 인생역전을 꿈꾸며 뉴욕으로 도망쳤지만, 그녀의 삶은 여전히 고단하다. 그런 그녀가 울적할 때면 찾는 곳이 바로 보석 가게 '티파니'다. 그녀에게는 당연히 비싼 다이아몬드 반지를 살 돈이 없지만, 티파니의 쇼윈도는 그녀가 진정으로 바라는 꿈과 희망의 상징이다.

티파니는 영화 속 오드리 헵번에게만 동경의 대상이 아니라, 전 세계 여성들의 로망이었다. 수많은 주얼리 브랜드가 있지만 '결혼 반지는 역시 티파니'라는 말이 불문율이던 시절이 있었다. 티파니는 명품 브랜드 중에서 흔치 않은 미국 기업으로, 1837년에 시작했다. 그런데 이 티파니에 위기가 찾아왔다. 성장세가 계속 주춤하더니 2014년부터 2017년까지 3년 연속 매출이 하락한 것이다. 2014년 43억 달러였던 매출액은 2017년 40억 달러로 떨어졌다.

그 이유는 밀레니얼 세대가 이제 티파니를 '로망'으로 여기지 않았기 때문이다. 이 세대는 더 이상 다이아몬드 1개가 중앙에 박힌 전통적인 디자인의 권위에 눌리지 않았다. 게다가 1인 가구가 보편화되면서 결혼 가구의 비율이 계속 떨어졌다. 티파니만이 아니라 고가의 프로포즈 반지를 파는 보석상들은 이미 위기를 겪은 지 오래된 상황이었다. 급기야 티파니의 CEO가 교체되었다. 그리고 티파니의 변화가 시작되었다.

티파니는 전통적으로 상류층의 백인 남녀를 모델로 써왔다. 그러나 새롭게 바뀐 티파니는 인종이 다른 연인, 동성 연인을 광고에 등장시켰다. 결혼만이 아니라 동거하는 커플들이 낄 수 있는 반지라는 이미지도 만들었다. 정장이나 드레스만이 아니라, 캐주얼한 복장에 자신들의 주얼리를 입혔다. 전통적인 티파니의 제품만 고집하는 게 아니라 다른 종류의 액세서리와 함께 착용할 수 있는 모던한 디자인의 제품을 만들기 시작했다. 변화를 시작한 티파니는 2018년 1분기에 실적이 11% 증가했다. 드라마틱한 변화였다.

그러나 티파니의 성공적인 변화가 새로운 세대를 위한 제품을 내놓고, 다양한 커플을 모델로 삼은 데서 왔다고 말하는 것만으로는 석연치 않다. 많은 오래된 브랜드들이 젊은 세대들을 겨냥하는 신제품을 내놓고, 젊은 세대들이 좋아하는 셀럽들을 모델로 써도 성공하지 못하는 경우가 대부분이다. 과연 티파니는 무엇이 달랐던 것일까. 그 비밀은 뉴욕 맨해튼 5번가 티파니 본점에 가면 풀린다.

180년 된 티파니는
왜 카페를 열었나

과거 티파니는 영화 속 오드리 헵번만 들어가기 어려운 곳이 아니었다. 고가의 고급 이미지를 유지하기 위해 매장에는 엄숙함이 흘렀다. 예전에는 티파니 매장에서 사진을 찍을 수 없었다. 나 역시 티파니 매장에서 스마트폰으로 사진을 찍다 점원에게 걸려, 저장된 사진을 지우고 나서야 폰을 돌려받은 적이 있다. 기분이 좋았을 리 없다. 게다가 티파니에 갈 때마다 정장을 차려입어야 했다. 티파니의 손님답게 보이려고 하는 일이었다. 어느 날 '내가 왜 여기 들어가기 위해서 정장까지 입어야 하나'라는 생각이 들었다. 이렇게까지 해가면서 굳이 티파니를 가야 하나 싶은 생각이 들자, 그 뒤로 뉴욕에 출장을 가도 티파니에 발길을 돌리지 않았다.

그랬던 티파니 매장이 달라졌다. 누구든 들어가서 얼마든지 사진을 찍을 수 있다. 과거에는 박물관처럼 유리 진열장에 1개씩 넣어두던 액세서리도 여러 개를 올려두고, 부담 없이 착용해볼 수 있게 했다. 또한 매장 안에는 반지와 목걸이 외에 접시, 컵, 타월 등 일상에서 쓰는 물건들을 배치했다. 심지어 자전거와 탁구 라켓도 있다.

무엇보다 시각적인 변화가 컸다. 과거 티파니 본점에 달려 있던 Tiffany&Co라는 큼직한 로고를 떼어버렸다. 대신 티파니의 상징색인 '블루'를 강조하는 인테리어로 바꾸었다. 색상은 문자보다 훨씬 더 기억 깊숙이 파고든다. 이제 이 색깔을 보면 티파니를 떠올리는 연상 작용이 더 강해질 것이다.

또한 정말 '티파니에서 아침을' 먹을 수 있게 되었다. 본점 4층에 가면 티파니가 운영하는 카페가 있고, 실제로 여기서 차와 브런치를 먹을 수 있다.

예약을 하지는 않아도 카페 안을 둘러보는 것은 허용된다. 이것도 티파니의 달라진 태도였다. 카페 안에 들어가자 놀라운 풍경이 펼쳐졌다. 영화 속 오드리 헵번과 똑같은 복장을 한 젊은 여성 고객들이 앉아 있었다. 세계 각국에서 온 그녀들은 헵번이 입었던 검정색 드레스, 은빛 티아라, 진주 목걸이, 긴 담뱃대로 변신하고 이 카페에서 사진을 찍고 있었다.

티파니의 보석을 담는 상자를 일컫는 '블루 박스'로 인터넷과 SNS를 검색해보면, 이런 복장을 한 이들의 사진이 우르르 나온다.

티파니의 모든 마케팅은 자신들의 정체성을
색상으로 각인시키는 것에 맞춰 있다.
색상은 브랜드를 오래 기억시키는 강력한 이미지이다.

A
NO SMOKING
UNDER PENALTY OF LAW

IN CASE
OF FIRE
USE STAIRS
UNLESS
OTHERWISE
INSTRUCTED

The Blue Box Cafe
is pleased to announce
that seating for breakfast,
lunch and tea can be
obtained only through
online reservations
via tiffany.com or RESY

Search: The Blue Box Cafe

고객들이 스스로 티파니만의 '단 하나의 이미지'를 반복해서 만들어내고 공유하고 있는 것이다. 당연히 이런 '놀이'를 하는 고객들은 젊은 여성들이다.

티파니의 이런 전략은 하루 이틀 사이에 나온 게 아니다. 티파니는 전통적으로 비주얼 전략의 중요성을 매우 잘 알고 있는 브랜드다. 윈도 디자인의 산 역사라 불리는 진 무어는 39년 동안 티파니에서 일했다. 진 무어는 뉴욕의 티파니 본점을 환상적인 소극장으로 탈바꿈시켰고, '티파니 윈도 스타일'이라고 불리는 새로운 디스플레이 스타일을 만들었다. 영화에서 오드리 헵번이 티파니 매장 앞에서 하염없이 바라보고 있는 것도 바로 '티파니 윈도'였다. 뉴욕에서 가장 오래된 공중시계인 9피트 높이의 아틀라스 시계도 바로 티파니 매장이 제일 먼저 설치한 것이다. 이처럼 기업 경영에서 시각적인 면을 중요시하고, 꾸준히 다양한 예술과 결합하면서 상품을 보여줄 줄 아는 DNA가 있었기에, 오늘날의 과감한 변화에 성공할 수 있었던 것이다.

티파니는 고급 명품 브랜드다. 그 사실은 변하지 않는다. 티파니가 깨달은 것은 자신들의 정체성인 '여성들의 로망'을 시대에 맞게 경험하게 해야 한다는 것이다.

티파니 경영진은 자신들의 변화에 대해 이렇게 정의한다. "고급이라는 이미지에서 '격식'을 뺐을 뿐이다." 엄숙함은 사라졌지만, 오드리 헵번으로 상징되는 티파니에 대한 로망은 지금의 젊은 세

소비는 자신을 증명하는 일이다.
자신이 브랜드를 직접 경험할 때만 열광한다.

티파니에 등장한 새로운 '헵번들'.
이런 사람들을 만들어낼 수 있느냐 없느냐는
내 브랜드의 비주얼 콘셉트에 있다.

대들에게 맞는 방식으로 되살아났다. 티파니의 본질은 보수적인 결혼 문화의 상징이 아니라, 사랑받는 여자의 상징이었다. 그것을 MZ 세대에 맞게 설명하고, 그 바뀐 변화를 놀면서 체험하고 공유할 수 있는 곳으로 만들어냈다. 이렇게 새로운 티파니의 팬들을 구축했다.

MZ 세대는 '가치소비' 시대를 대표한다. 이들은 태어나 성장하는 동안, 브랜드로 자신의 정체성을 표현하는 것에 익숙해졌다. 자신들의 소비를 필요한 물품을 구매하는 행위가 아니라, 자신의 존재를 증명하는 일로 받아들인다. 그래서 고가의 브랜드와 저렴한 브랜드를 동시에 소비하는 일이 어떤 충돌도 일으키지 않는다. 이들에게 중요한 것은 가격과 권위가 아니라 이 브랜드가 나를 표현할 만큼의 가치가 있느냐이다.

그들에게는 오래된 칼국수 집 앞에서 몇 시간씩 줄을 서는 것과 비싼 레스토랑을 예약하는 것 사이에 차이가 없다. 오히려 낡은 집 앞에 줄을 서는 행위를 더 가치 있게 여기고, 더 자랑하기도 한다. 그들은 식사를 하는 것이 아니라 '놀고 있는' 것이고 그 경험을 공유함으로써 자신의 가치를 인정받으려고 한다. 이것이 새로운 세대의 소비다.

때문에 이들은 '직접경험'을 중요하게 여긴다. 자신들의 방식으로 경험한 것이 중요하지, 윗세대로부터 내려오는 간접경험, 권위나 전통은 참고사항일 뿐이다. 브랜드의 가치는 오늘의 방식으로 소비되지 않으면 사라진다. 오래된 곳이든, 새로운 곳이든 주어진 과제는 똑같다.

MZ 세대의 소비는
어떻게 이루어지나

MZ 세대의 소비 성향과 특징을 아는 것은 중요하다. 미래에 소비 주도권을 쥐게 될 세대이기 때문이다. 이들은 소비할 때 구매경험, 가치소비, 경험공유를 중시한다. 우선 무엇인가를 힘들여 구매하지 않는다. 퇴근길에 잔뜩 장을 봐서 낑낑거리며 물건을 들고 오는 일은 하지 않는다. 그들에게 구매경험은 훨씬 더 쿨해야 한다. 무엇이든 쉽고 가볍게 내 손에 와닿아야 한다. 또한 이 세대는 식자재를 온라인으로 사는 데에 거부감이 없다. 식재료의 질이 좋아야 하는 건 기본이다. 중요한 것은 내가 어떤 스타일의 쇼핑에 고객으로서 참여할 것인가이다.

둘째, 소비는 명분이 있어야 한다. 2006년에 시작한 미국의 신발 회사 탐스TOMS는 신발 한 켤레를 팔면, 가난한 나라의 아이들에게 신발 한 켤레를 기부한다는 콘셉트로 전 세계 젊은이들의 마음을 사로잡았다. 사람들의 '착한 소비'를 이끌어내며 세계적인 브랜드로 성장했다. 현재 탐스의 성장세는 주춤하지만, 오늘날 신생 브랜드들에게 '착한 소비'가 필수요소가 되는 데에 큰 역할을 했다.

이제는 사회 공헌 활동은 기본이고, 만들어지는 과정부터 자신들이 이익을 남기는 구조까지 모두 공개하는 투명 경영이 중요해졌다. 가방, 구두 등을 만드는 회사 에버레인Everlane은 원가와 제조 과정을 투명하게 공개하는 소비자 직거래 브랜드다. 원재료비, 인건비, 운송비, 광고비 등을 모두 공개하는데, 여기서 광고비는 0%이다. 이런 가격의 투명성은 곧장 소비자의 신뢰로 이어졌고, 에버레인은 빠르게 밀레니얼 세대가 선호하는 브랜드로 자리 잡았다. 뉴욕의 에버레인 매장 앞은 항상 줄이 길게 서 있는 명소가 되었다.

세 번째로 중요한 요소는 경험공유다. MZ 세대는 손으로 메모하기보다 사진으로 찍는 게 더 익숙한 세대이다. 이미 이들의 경험 공유 수단은 인스타그램에 사진을 찍어 올리는 수준을 넘어선다. 자신들이 물건을 받은 순간부터 포장을 뜯고, 사용해보고, 일정 기간이 지난 다음의 후기까지 동영상으로 촬영한다. 그 긴 과정을 편집하고 유튜브 등의 플랫폼에 쇼츠나 릴스 형태로 올린다. 그런데 그 일을 조금도 수고스럽게 여기지 않는다. 그만큼 자신들의 소비에 의미를 부여하려는 욕망이 큰 것이다.

이들 세대의 구매경험, 가치소비, 경험공유를 중심으로 새로운 시장을 여는 브랜드들이 등장하고 있다. 미국의 매트리스 회사 캐스퍼Casper가 좋은 사례다. 캐스퍼는 침대 매트리스 전문 업체다. 매트리스는 한번 사면 바꾸기가 쉽지 않은 제품이다. 제품의 질을 미리 알기도 힘들다. 매트리스 시장은 정보의 불균형이 만연한 시장이다. 비슷해 보이는 제품의 가격이 수십만 원에서 수천만 원을 오간다. 잠깐 누워보는 것으로 그 가격이 합당한지 어떻게 알 수 있을까. 사람들은 이런 불신을 갖고 있었지만, 오랫동안 기존 브랜드의 권위에 눌려 구매해왔다. 새로운 세대들은 이런 권위를 받아들이지 않는다. 캐스퍼는 이런 소비자들의 근원적인 불신을 해소하면서 자신들만의 시장을 만들어냈다. 캐스퍼는 100일 체험 서비스를 제공한다. 100일 동안 사용해보고 마음에 들지 않으면 반송하면 된다. 캐스퍼는 소형 냉장고 크기의 종이 박스에 자신들의 제품을 넣어서 택배로 보내준다. 예전처럼 커다란 매트리스를 낑낑거리며 들고 가거나, 번거롭게 사람을 시켜 배달받지 않아도 된다.

종이 박스를 열면 압축되어 들어 있던 하얀 매트리스가 부풀어 오르면서 박스 밖으로 나온다. 사람들은 영화 〈캐스퍼〉에 나오는 아기 유령처럼 보인다면서 즐거워한다. 캐스퍼를 구매한 사람들은 박스에서 매트리스가 부풀어 오르는 과정을 핸드폰으로 촬영해 자신의 구매경험을 자발적으로 공유한다. 자신이 올린 것과 거의 똑같은 다른 소비자들의 영상들을 보며 즐거워한다.

2018년 10월, 미국 내 최대 오프라인 매트리스 유통 업체였던 매트리스펌Mattress Firm이 파산신청을 했다. 반면 캐스퍼는 앞으로 미국 전역에 200개가 넘는 매장을 새로 열겠다고 발표했다. 온라인에서 오프라인으로 더 많이 진출하겠다는 것이다. 캐스퍼 매장에 가보면 이 브랜드가 합리적 가격, 온라인 배송, 무료 체험 서비스만으로 성공한 게 아님을 알 수 있다.

캐스퍼 매장은 매트리스 위에서 영화를 볼 수 있는 공간, 매트리스 위에서 잠을 잘 수 있는 수면 체험실, 그리고 매트리스를 활용한 낮잠 카페 등을 운영하고 있다. 캐스퍼는 자신들을 '수면 전문가'로 정의하고 있고, 또한 고객들을 '소비 전문가'로서 대우한다.

MZ 세대는 검색에 능하다. 이들은 자신이 들어설 '시장'에 대해서 잘 알고 있고, 목적의식이 분명하다. 사실상 '전문 협상가'와 다름없다. 이 세대에게 사랑받는 브랜드들은 과거와 같은 형식의 마케팅을 거의 하지 않거나 아예 하지 않는다. 이 세대는 새로운 가치를 제공하는 것만으로도 열성 팬이 되고, 브랜드의 전도사가 되기를 자처한다.

그 이유는 이들이 과거 세대들보다 소비에 더 공을 들이기 때문이다. 자신들의 시간과 노력과 생각이 들어간 것이기 때문에, 좋다고 느껴지면 그 좋음을 더 적극적으로 표현한다. 이 세대의 표현하고 공유하려는 욕구를 만족시켜주는 요소가 있는가? 이런 관점에서 보면 MZ 세대가 좋아하는 레트로 열풍의 본질을 이해할 수 있다.

새로운 소비자는 정보의 불투명함을 싫어한다.
모든 것을 체험해보고, 정확하게 가치를 알고 구입한다.
캐스퍼의 소형 매트리스 박스는 이런 소비 방식을
정확하게 만족시켰다.

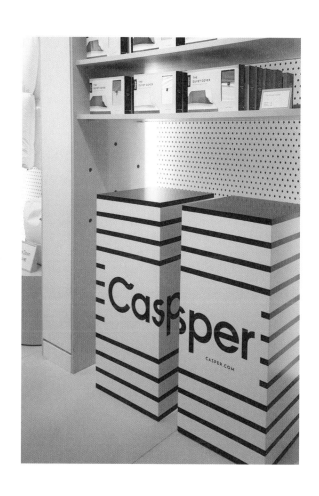

레트로 열풍은
항상 있었다

MZ 세대들이 레트로, 복고풍에 열광하는 현상은 오늘날 전 세계 어디서나 볼 수 있다. 그들에게는 신제품을 구매하는 것이 오히려 쉬운 일이다. 어디에서나 살 수 있는 신제품보다는 쉽게 찾아볼 수 없는 희소성에 더 재미를 느끼며, 그중에서도 레트로에 큰 관심을 보인다. 그렇다고 다 호감을 갖는 건 아니다. 앞에서 살펴본 소비의 세 가지 측면을 만족시키느냐 아니냐에 따라, 그 호감이 생겨나느냐 아니냐가 결정된다.

우리나라의 전통시장을 보면 대부분 이 세 가지가 다 부족하다. 청년 장사꾼들을 중심으로 하는 가게를 열고, 밤 문화를 즐기는 젊은 세대들을 위한 야시장을 여는 등 노력을 하지만, 잠깐 반짝할 뿐 제대로 자리 잡는 곳이 별로 없다. 전통시장의 가치가 무엇인지 보여주는 일은 시장 입구에 있는 안내판 하나로 되지 않는다. 레트로지만 '살아 있는 브랜드'이어야 고객들은 반응한다.

런던의 가장 오래된 시장으로 런던 시민들의 건강을 책임지고 있는 곳이 있다. 1014년 문을 연, 1000년이 넘은 시장 버러 마켓 Borough Market이다. 시민들은 판매자가 직접 재배하고 기른 신선한 채소와 과일, 고기와 해산물, 빵과 수제 초콜릿 등 수많은 먹거리를 구입하기 위해 이곳으로 모인다. 주말이면 이른 아침부터 사람들로 발 디딜 틈이 없다. 이곳의 가장 큰 특징은 어디서도 구할 수 없는 신선한 재료들이다. 그리고 '어디서도 구할 수 없다'는 사실이 정말 눈에 보인다.

'제가 어떻게 여기까지 왔을까요?' 버러 마켓에 있는 한 치즈 가게 입간판에 쓰여 있는 말이다. 그 아래에는 여기에서 파는 치즈가 누가 어떻게 만들어 여기까지 오게 되었는지, 그 유통 경로가 상세하게 설명되어 있다. 가리비를 파는 가게에 가면 잠수복을 입은 주인이 직접 보트를 끌고 가리비를 잡으러 가는 사진이 걸려 있다. 과일 가게, 빵 가게, 채소 가게 등 버러 마켓의 가게마다 상인들이 이 제품을 직접 만들어온 이력을 알 수 있게끔 사진과 설명이 있다.

이 시장의 상인들은 식재료를 사러 온 사람들에게 보관 방법이나 조리법 등도 알려준다. 수십 년간 버섯을 팔아온 아주머니만큼 버섯을 맛있게 요리하는 방법을 아는 사람이 있을까? 처음에는 입으로 전하던 요리법을 나중에는 종이에 적어 복사해주고, 이것이 모여서『버러 마켓 요리 책』으로 출판까지 되었다.

버러 마켓의 채소, 과일, 치즈 들은 그 진열된 형태만 보아도 감탄이 나온다. 먹거리가 아니라 아름다운 추상미술 작품을 보는 것 같다. 그곳에서 만난 상인들은 이렇게 말했다. "우리는 물건을 파는 게 아닙니다." 버러 마켓의 상인들은 오래전부터 시장은 물건을 파는 곳이 아니라 스토리와 재미, 경험을 공유하는 대체 불가능

버러 마켓의 채소, 과일, 치즈 들은
그 진열된 형태만 보아도 감탄이 나온다.
먹거리가 아니라 아름다운
추상미술 작품을 보는 것 같다.

한 곳이 되어야 한다는 것을 알고 있었다. 사람들은 사람들이 몰리는 곳에 몰리고, 변화하는 것에 시선을 준다. 이는 어떤 시대든 변하지 않는 진리다.

주변에 레트로 열풍으로 새롭게 각광받는 곳들을 보면, 단지 오래되었다고 주목받는 게 아니라는 것을 알 수 있다. 낡은 공구 상가에 현대식 카페가 있어서 좋아하는 게 아니라, 그 공구 상가에 나이 든 기술자들이 아직도 일하고 있을 때 더 열광한다. 옛 물건들이 쌓여 있다고 좋아하는 게 아니라, 움직일 것 같지 않은 옛 물건이 작동하고 그런 물건을 사러 오는 사람들을 구경할 수 있을 때, 자꾸 발길이 향한다.

어느 날 오래된 주택가의 한 참기름 가게에 양복을 입은 사람들이 모여들었다. 이들은 연남방앗간 주인장의 이야기를 듣기 위해 온 기업인들이었다. 연남방앗간의 연남참기름은 경북 안동과 예천, 강원도 영월, 제주 한림 등에서 수확한 국내산 참깨를 전통시장 방앗간 장인들이 착유한 것이다. 한 병의 가격이 무려 3만 3000원이다.

이 가격을 고객들에게 납득시키는 것은 비단 제품의 퀄리티만이 아니다. 거기에는 연남방앗간 매장의 모습이 주요한 역할을 한다. 연남방앗간은 오래된 주택을 내부만 개조해 매장으로 만들었다. 파는 것은 참기름이지만, 이 매장 안의 물건들은 샹들리에를 비롯하여 하나같이 오래되고 귀한 것들이다. 이곳의 고급스럽고 고풍스러운 모습이, 그만큼 귀한 참기름이라는 맥락을 즉각적으로 인지시킨다. 젊은 1~2인 가구들이 최신 카페에 들르듯 이곳에 와서 연남방앗간에서 파는 참깨라테를 마시고, 이 비싼 참기름을 사 간다.

전국 300여 명의 참기름 장인들을 만나고, 사라져가는 방앗간을 기록해온 주인장의 진정성이 담긴 참기름이기 때문이다. 가격을 매길 수 없는 고유한 가치를 지닌 무엇이기 때문이다. 외국인 손님도 20%가 넘는다.

오늘날 소비의 방향은 '필요'의 시대에서 '사치'의 시대로 이동했다. 이제 '사치'의 시대가 가고 '가치'의 시대가 왔다. 가치소비의 시대, 사람들은 무엇에 지갑을 열까? 자랑할 수 없는 소비는 외면받고, 자랑할 수 있는 소비는 살아남는다.

고객의 세대 교체가 가능하려면

사실 많은 브랜드들이 오래된 것도, 새것도 아닌 상태에 있다. 티파니처럼 180년이나 되고 전 세계적으로 널리 알려진 명품 브랜드가 얼마나 될까. 그렇다고 캐스퍼처럼 새로운 감각으로 도전할 수 있는 조건을 갖춘 이들도 그리 많지 않을 것이다. 어중간한 상태에서 어떻게 해야 할지 몰라 답답해하는 이들이 더 많다. 나는 어떻게 하면 '살아 있는 것'이 될 수 있을까. 새로운 시대에서 살아 있는 존재가 되려면 '나는 무엇이다'를 끊임없이 재정의하는 것이 필요하다.

이제는 널리 알려진 삼진어묵은 원래 '부산어묵'이라는 상표로 어묵을 판매하던 삼진식품이라는 기업이었다. '어묵 하면 부산'이라는 사람들의 고정관념에 기댄 안전하고 익숙한 선택이었다. '부산'이 들어간 상표를 사용하는 여러 어묵 기업 중의 하나였지만, 그럼에도 삼진어묵의 자부심은 대단했다. 1953년에 시작한 한국에서 가장 오래된 어묵 공장으로, 모든 직원들이 헌신적으로 일해왔다. 무엇보다 삼진식품에서 만드는 어묵은 전국 최고였다. 아무리 재료값이 올라도 어묵 반죽에서 연육의 비율을 항상 똑같이 유지했다. 이른바 '밀가루 어묵' 파동이 일었을 때도, IMF 외환위기 때도 삼진식품은 살아남았다. 오로지 품질과 신뢰의 힘으로 유지해온 기업이었다. 하지만 도매점에 어묵을 납품하는 여느 기업 중의 하나에 불과했다.

손자가 가업을 잇기 위해 회사로 들어왔다. 새로운 세대의 경영진이 제일 먼저 한 일은 '삼진어묵'이라는 자체 브랜드를 만드는 일이었다. 그 전까지 삼진식품에 대한 정의는 "부산의 180여 개나 되는 어묵 납품 업체의 하나"였다. 그것을 "대한민국에서 가장 좋은 어묵을 만드는 가장 오래된 곳"으로 재정의했다. 새로운 정의를 실현하려면 당연히 브랜드명에서 부산을 빼고 삼진이라는 고유한 이름을 넣어야 했다.

다음으로 삼진어묵은 직영소매점을 시작했다. 당시 제품의 80%가 도매상을 통해 판매될 때였다. 제조회사가 왜 소매점까지 하느냐는 우려도 많았다. 하지만 부산역에 내려본 사람들은 삼진어묵 매장 앞에 줄을 선 사람들의 풍경을 한 번쯤 보았을 것이다. 잘나가는 가게의 가장 좋은 인테리어는 바로 줄을 선 사람들이다. '무슨 어묵 집에 줄까지 서?'라는 말이 나오게 해야 삼진어묵의 가치가 살아 있는 것이 된다고 생각했다.

직영소매점을 시작할 수 있었던 것은 자신들이 만드는 제품에 대한 정의를 새롭게 했기 때문이다. 그 전까지 어묵은 '서민들의 반찬거리' 중의 하나였다. 그러나 어묵을 '간식으로도 먹고 싶은 맛있는 먹거리'로 재정의하고, 마치 빵처럼, 과자처럼 사람들이 사 먹을 수 있게 만들었다. 어묵을 '주부들이 사는 식재료'가 아니라 '남녀노소 누구나 즐기는 먹거리'로 바꾼 것이다.

삼진어묵이 개발한 신제품의 개수는 어묵 크로켓을 비롯하여 무려 80여 개에 이른다. 반찬용 어묵으로는 소비자 경험에 한계가 있을 수밖에 없기 때문이다. 사람들은 삼진어묵 베이커리에서 1개든 2개든, 자신들이 먹고 싶은 만큼 고르는 쿨한 구매를 경험한다. 매장 안에는 먹음직스러운 어묵이 종류별로 다양하게 진열되어 있어 바라보는 것만으로도 식욕이 절로 생긴다.

삼진어묵 베이커리에서 일하는 분들 또한 놀라운 비주얼을 보여준다. 공장이 자동화되면서 일손이 한가해진 어묵 장인들을 내보내지 않고, 베이커리 매장에서 고객들에게 줄 따끈한 어묵을 바로 만들게 했다. 나이 든 어묵 장인들은 현장에서 계속 일할 수 있어 좋고, 그 모습을 보는 고객들은 그분들의 관록에서 삼진어묵의 역사를 절로 실감하게 되니 좋다. '살아 있는 비주얼' 설계가 없었다면, 아무리 삼진어묵이 대한민국에서 가장 오래된 어묵 공장이라고 해도 사람들의 마음을 사로잡을 수 없었을 것이다.

어묵이라는 별 특색 없는 제품, 부산이라는 지역적 한계, 낡은 공장이라는 편견을 바꿀 수 있었던 것은 자신들을 시대에 맞게 재정의하고, 새롭게 정의된 브랜드의 정체성을 사람들이 보여주는 일에 집중했기 때문이다.

삼진어묵은 어묵을 '우주 단백질'이라고 재정의하기도 했다. 미래에 우주여행을 갈 때 우주인이 섭취하는 대표적인 단백질 식품이 되겠다는 것이다. 우주인이 한 손에 삼진어묵 상자를 들고 있는 모습의 포스터가 등장했다. 이런 삼진어묵의 모습에 어느 세대가 제일 먼저 환호할까. 굳이 말하지 않아도 충분히 알 수 있을 것이다.

어떤 곳이든 계속 잘나갈 수는 없다. 당연히 쇠퇴기를 맞는다.

그 쇠퇴의 원인을 분석하면 거의 동일하다. '소비자들이 달라졌다.' 나를 좋아하던 고객들이 더 이상 나를 찾지 않는다. 소비자들이 달라졌으니, 나는 이제 존재의 의미가 없는 걸까? 해오던 것을 접고 새로운 일에 도전해야 하는 걸까?

그럴 수도 있다. 어떤 일이든 유효기간이 있고, 라이프사이클이 있으니, 아무리 애착을 가지는 일이어도 언젠가는 끝이 날 수 있다. 하지만 그 전에 '소비자들은 변화해왔는데, 나는 과연 변화해왔는가?'라는 질문을 던져보아야 한다.

'흔들리는 진통이 흔들리지 않는 전통을 낳는다'는 말을 좋아한다. 좋은 것을 만들었는데도 오래가지 못한다면, 그 좋은 것의 가치를 살아 있는 것으로 만들기 위해 얼마나 노력했는지를 되돌아볼 일이다. 사람들은 가만히 있는 것에는 눈길을 주지 않는다. 움직임이 있어야만 주목한다. 오래간다는 것은, 계속해서 변화해왔다는 말에 다름 아니다.

샘표는 75년 된 한국 최장수 식품 브랜드이다. 샘표는 긴 세월 동안 새로운 세대마다 자신들을 기억하게 만드는 데 성공해왔다. 1970년대 소비자들은 '보고는 몰라요. 들어서도 몰라요'라는 간장 로고송을, 2000년대 소비자들은 '연두해요 연두해요'라는 연두송을 기억한다.

샘표는 새로운 세대의 취향에 맞추기만 하는 게 아니라, 기존의 전통에 새로운 세대를 끌어들이는 방식으로 자신들의 브랜드 파

오래된 제품이 어떻게 하면 살아 있는 생명력을 얻을 수 있을까.
자신의 제품을 변화하는 시대에 맞게 끊임없이 재정의하고
그 정의를 사람들에게 보여주는 이미지를 만들어내는 것이다.
그럴 때 미래에도 존재하는 '오래된 것'이 될 수 있다.

위를 키워왔다. 2010년 중반부터 샘표는 요리 면접과 젓가락질 면접을 실시하고 있다. 취업준비생들 사이에서 "젓가락질 못 하면 취업도 못 하느냐"라는 반발도 거셌지만, 요리 실력 없다고 젓가락질을 못 한다고 면접에서 탈락시키는 건 아니다. 한국 고유 식문화의 가치를 계승하는 기업의 정신을 얼마나 받아들이는지 그리고 동료들과 협력하는 태도를 보기 위한 목적으로 이와 같은 면접을 실시한다. 평생 고객을 세대를 넘어 계승하는 샘표의 정신은 엠블럼에서도 드러난다. 샘표는 창립 70주년 때 최초 CI와 최신 CI를 합친 엠블럼을 발표했고, 지금까지 이 엠블럼을 고수하고 있다.

1939년에 창업해 3대째 전통을 이어가고 있는 한일관은 유명한 음식점으로, 서울불고기의 대표 격이다. 이곳은 오래된 단골들부터 젊은이들까지 여전히 많은 손님들로 북적인다. 단골들은 옛날 맛 그대로라며 좋아하고, 젊은이들은 '역시 전통의 맛은 내공이 있다'며 좋아한다. 그러나 이곳의 불고기 맛이 그대로일까.

"옛날식으로 양념해서 내놓으면 짜서 못 먹습니다." 한일관의 경영진들이 어느 인터뷰에서 한 말이다. 점점 더 싱겁게 먹는 시대의 흐름을 따라, 조금씩 간을 조절해온 것이 한일관의 장수 비밀이었다. 역설적으로 변하는 입맛에 맞춰왔기 때문에 서울불고기 고유의 맛을 지켜올 수 있었던 것이다.

오래 사랑받는 곳은
그곳에 사는 사람들에게는 자부심이고,
찾아오는 이들에게는 변치 않는 추억이다.

고유한 기억이 촘촘하게 스며들어 있는 곳이 되면,
사람들은 그곳을 절대 잊지 않는다.

추억만큼
힘이 센 건 없다

*

온라인 시대의 오프라인 브랜딩

*

애플 스토어는 처음에는 없었다

오프라인 경험의 본질은 무엇인가

온라인 안경점이 오프라인 매장을 낸 이유

브랜딩은 곧 추억이다

프랑스 파리의 애플 스토어에 갔을 때의 일이다. 문을 열자마자 들어간 덕에 애플 스토어에 손님이 거의 없었다. 공간이 매우 비어 보였다. 제품이 진열된 테이블과 테이블 사이도 멀었고, 그 테이블 위에 놓인 제품과 제품의 간격도 넓었다. 이토록 공간을 헐렁하게 운영해도 될까 싶을 정도였다. 그러나 잠시 후 이 공간이 사람으로 가득 차자, 보이지 않던 풍경들이 눈앞에 펼쳐졌다.

제품과 제품이 멀찍이 놓여 있으니 사람들은 옆의 사람들을 신경 쓰지 않고 자유롭게 애플 제품을 만지고 작동해볼 수 있었다. 테이블 간격과 통로가 넓어, 서서 제품을 살펴보는 사람과 지나가는 사람이 서로 부딪치지 않고 편하게 다닐 수 있었다. 2층에는 이런 애플 스토어의 풍경을 바라볼 수 있는 넓은 공간도 있었다. 다른 고객들이 애플 제품을 구경하고 사용하는 모습을 2층에서 관람객의 눈으로 보고 사진을 찍을 수 있었다. 그제야 애플 스토어의 진면모가 보였다. 애플 매장은 '사람으로 완성되는 공간'으로 설계된 것이다. 이제까지 수많은 가게의 사장님들을 만날 때마다 '사람이 채워질 것을 생각하고 인테리어를 마감하라'고 말했지만, 실천하는 사장님들은 거의 없었다. 그런데 애플은 그것을 완벽하게 실현하고 있었다.

애플을 필두로 많은 전자 브랜드들이 오프라인 전문 매장을 열고 있지만 애플만큼 주목할 만한 성공을 거둔 곳은 드물다. 그 이유는 무엇일까.

애플 스토어는
처음에는 없었다

온라인 쇼핑이 모든 것을 집어삼키는 것 같지만 '경험'을 전달하는 일은 소비의 핵심이자, 오프라인만의 강점이다. 그리고 경험을 통해 내 브랜드의 팬을 만들지 못하면 아무리 거대한 자본을 지닌 기업이라고 해도 오래가지 못한다.

그것을 가장 잘 알았던 기업이 바로 애플이다. 애플 스토어가 생긴 것은 2001년이다. 그 전까지 애플의 매킨토시 컴퓨터도 다른 회사의 제품과 마찬가지로 가전제품 전문 매장에서 팔렸다. 당시 애플의 시장점유율은 5% 남짓이었고, '델'과 같은 브랜드에 밀려 매장 한구석에 진열되었다. 좋은 자리를 차지하려면 더 비싼 수수료를 내야 했다.

애플의 스티브 잡스가 비싼 수수료보다 더 근본적인 문제라고 생각했던 것은, 매장에 진열해놓은 애플 컴퓨터가 가짜라는 것이었다. 더미dummy라고 부르는, 전원도 들어오지 않는 껍데기만 갖다놓던 시절의 일이었다. '사람들은 컴퓨터를 사러 오는 게 아니라, 컴퓨터로 할 수 있는 무엇인가를 사러 오는 것이다.' 이것이 스티브 잡스의 생각이었다. 그러려면 매장의 컴퓨터는 실제로 작동해야 하고, 매장에서 소프트웨어도 사용해볼 수 있어야 한다. 즉, 그런 사용 경험을 제공할 수 있는 공간을 만들어야 했다.

2001년 5월, 애플은 자신들의 직영소매점 '애플 스토어'를 열었다. 사람들은 막대한 손실을 입고 매장의 셔터를 내리게 될 것이라고 예상했다. 그러나 애플 스토어는 3년 만에 매출 10억 달러를 달성하며, 역사상 가장 빠르게 성공한 소매점이 되었다. 오늘날 애플 스토어는 단위 면적당 매출이 가장 높은 오프라인 매장이다.

2001년 애플 스토어가 처음 문을 열었을 때 스티브 잡스가 직접 등장해 이 매장을 홍보하는 영상을 찾아보라. 스티브 잡스의 열정적인 눈빛이 인상적인 이 영상을 보면 애플의 미래가 보인다. 스티브 잡스는 그곳에서 애플의 제품을 소개하는 게 아니라, 이 공간에 오면 당신이 무엇을 할 수 있는지, 어떻게 즐길 수 있는지를 세세하게 설명하고 있다. 지금의 애플 스토어와는 다른 모습이지만, 이미

20여 년 전에 '행동 설계'라는 개념을 갖고 있었던 기업인 셈이다.

만약 애플이 아마존 같은 온라인 업체와 똑같은 방법으로 판매 경쟁을 한다면 어떻게 될까. 매번 질 것이 뻔하다. 낮은 가격이나 빠른 배송으로는 도저히 경쟁할 수 없다. 애플은 완전히 다른 선택지가 되어야 했고, 그 수단이 오프라인 매장이어야 한다고 생각했다. 그리고 그 오프라인 매장은 기존의 오프라인 매장과는 전혀 다른 개념이었다.

애플 스토어의 놀라운 점은 하드웨어에 해당하는 매장의 설계만이 아니라, 매장 안을 채우는 소프트웨어까지 고객 경험을 중심으로 만들어졌다는 것이다. 이를 단적으로 보여주는 곳이 바로 애플 스토어에 있는 '지니어스 바 Genius Bar'이다. 지니어스 바는 일종의 고객상담실이다. 애플 스토어는 고객과 직원이 만나는 이 지니어스 바를 운영하는 데에 최선의 노력을 다한다. 애플 스토어에서 일하는 직원을 '지니어스'라고 부르는데, 이들은 평범한 직원이 아니라 고객의 친구로서 행동하기를 교육받는다.

아이폰에 대해서 너무 잘 아는 친구, 무엇이든 물어봐도 부담 없는 친구, 심지어 내가 물어보지 않은 것도 시시콜콜 미리 알려주는 친구. 지니어스 바에서 이야기를 하고 나면 직원이 아니라 이런 사람을 만나고 온 듯한 느낌이 든다.

왜 이곳의 이름이 '바 Bar'가 되었는지까지 알고 나면, 애플의 목적이 더 선명하게 이해된다. 애플은 고객에게 최고의 경험을 주려면, 고객을 상대하는 직원들부터 최고의 경험이 무엇인지 알고 있어야 한다고 생각했다. 그래서 직원들에게 물어보았다. '당신들이 최고의 고객으로 대우받는 곳이 어디인가?' 그 질문의 답으로 나온 것이 바로 호텔 라운지였다. 애플은 리츠칼튼 호텔에 직원들을 보냈다. 리츠칼튼은 완벽한 고객 서비스로 다른 호텔들의 모범이라 불리는 곳이다. 과도할 정도로 원칙에 집착하는 곳으로 이름 높은 리츠칼튼의 강점은 최고의 개별 서비스를 가능하게 해주는 고객정보 관리 시스템을 갖고 있다는 것이다. 애플은 애플 스토어에서 고객들을 맞이하게 될 직원들을 리츠칼튼의 직원 교육 프로그램에 등록시켜 교육받게 했다. 최고급 호텔 라운지에서 느낄 수 있는 경험을 주어야 한다는 목표를 실현하기 위해서였다.

오프라인의 본질은
무엇인가

'투데이 앳 애플'이라는 프로그램이 있다. 애플 스토어에서 일어나는 다양한 활동을 일컫는 말이다. 투데이 앳 애플에서는 각 분야의 전문가들이 사진, 동영상, 음악, 코딩, 미술 등을 가르쳐준다. 사진작가들로부터 아이폰으로 촬영하고 편집하는 방법을 배우고, 개발자들로부터 애플의 매킨토시를 이용해 프로그래밍을 배운다. 애플은 고객에게 이렇게 말하고 있는 것이다.

"그 프로그램 다루기 힘드시죠? 온라인에서 사면 필요한 프로그램이 깔려 있지도 않고, 그 프로그램을 사용하는 법을 알려주지도 않습니다. 앞으로 여기 오시면 당신이 노트북을 더 잘 사용할 수 있도록 도와드리겠습니다."

만약 당신이 소비자라면 온라인에서 컴퓨터를 사겠는가, 아니면 애플 스토어에서 사겠는가. 이렇게 사람들은 애플의 '가족'이 된다.

애플은 벌써 새로운 시대의 오프라인 매장을 선보이고 있다. 바로 마을의 '광장'이 되는 것이다. 2017년 애플은 애플 스토어라는 이름 대신 '타운스퀘어'라는 브랜드로 시카고에 광장형 매장을 오픈했다. 이 타운스퀘어는 개방형으로 된 매장이다. 안과 밖이 사실상 구분이 없다. 타운스퀘어에는 커다란 나무가 뿌리째 심어져 있고, 사람들이 광장에 놓인 테이블에 모여 앉아 대화를 나눌 수 있는 모습을 연출했다. 애플은 형태만 광장이 아니라, 진짜 광장이 되려 하고 있다. 타운스퀘어는 지역 주민들을 위한 다양한 교육 프로그램을 제공한다. 그래야만 사람들이 일상적으로 이곳에 모여 정보를 나누고, 함께 즐기기 때문이다.

많은 사람들이 오프라인의 죽음을 이야기했다. 디지털 시대, 거대 플랫폼의 시대에, 거의 모든 것을 온라인에서 해결할 수 있는 것처럼 보였다. 그러나 이런 시대에도 사람들은 몇십 년 된 오래된 빵집 앞에 줄을 서고, 오래된 동네에 숨어 있는 카페를 찾아 골목을 헤맨다.

브랜딩의 핵심은 강렬한 경험이다. 그 경험은 애플 스토어가 증명하듯이 어떤 매스미디어 광고보다, 온라인 마케팅보다 강력한 효과를 발휘한다. 엄청난 입소문은 물론, 그 브랜드에 끈끈한 소속감을 느끼는 고객들이 형성된다. 이 효과 때문에 '경험 마케팅'이라는 키워드가 이토록 주목받는 것이다.

그러나 '경험 마케팅'이 실제로 성공을 거두려면, 자신의 본질을 상징하는 비주얼을 만들고 이 비주얼이 고객들에게 촘촘하게 스며들도록 설계되어 있어야 한다. 그렇지 않으면 경험 마케팅이 이루어진다고 보기 어렵다.

서울의 어느 카페에 갔을 때의 일이다. 오후 4시쯤 미팅이 있었다. 유명한 카페라고 들었는데 의외로 한산했다. 그런데 오후 6시가 가까워지자 손님들이 쏟아져 들어오더니 옥상으로 올라가는 계단 쪽으로 주르르 줄을 섰다. 이게 무슨 일일까.

이 카페의 옥상 전망은 노을이 질 때 가장 아름다운 풍경을 만들어내기 때문이다. 사람들은 바로 황홀한 노을을 배경으로 가장 멋지게 나오는 최적의 포인트에서 사진을 찍기 위해 줄을 선 것이었

미국 시카고 애플 타운스퀘어

다. 이른바 '인생샷'을 찍기 위한 줄이었다.

SNS에서 이 카페의 이름을 검색해보았다. 티파니의 블루 박스 카페에서 본 것과 같은 풍경이 벌어졌다. 똑같은 장소와 똑같은 배경으로 사람 얼굴만 바뀐 이미지들이 우르르 쏟아졌다. 그 이미지 아래에는 나도 이곳에 한번 가봐야겠다는 댓글과 이곳에서 같은 경험을 한 이들이 서로 친밀감을 공유하는 댓글들이 달려 있었다. 이것이 정확한 비주얼 설계가 만들어낸 '단 하나의 감정 이미지'가 불러오는 마법이다.

카페 하나도 고객들을 열광시키기 위해 이렇게까지 준비하는데, 많은 기업들이 경험 설계를 너무 쉽게 생각한다. 몇 년 전 국내 대표적인 이커머스 업체가 동대문에 플래그십 스토어를 열었다. 편리한 배송과 저렴한 가격으로 현대인들의 소비 습관을 장악한 이커머스 업체가 왜 굳이 오프라인 매장을 열었을까. 이커머스 업체들 사이의 경쟁이 치열해질수록, 결국 브랜드 파워를 갖는 것만이 고객들을 계속 유치할 수 있다고 판단했기 때문이다. 온라인의 강자가 오프라인에서 어떻게 고객들을 열광시킬지 너무 궁금했다.

그러나 그 매장에서 여성용 화장품을 진열한 공간에 섰을 때, 나는 이 공간을 설계한 사람이 키가 큰 남자라는 것을 깨달았다. 립스틱을 바른 입술을 보기 위해 거울을 찾았을 때, 거울이 내 이마쯤 되는 높이에 달려 있었던 것이다. 거울의 위치만이 아니었다. 마네킹이 입고 있는 옷과 그 아래에 놓인 가방은 심지어 서로 다른 계절의 상품으로 디스플레이 되어 있었다. 데이터에 기반해 해당 고객에게 맞춤 상품을 추천하는 이커머스의 장점을 느낄 수 있는 어떤 비주얼 설계도, 행동 설계도 없었다. 이 매장은 결국 6개월 만에 문을 닫았다.

오프라인 매장에서 감동을 느꼈다면 그 브랜드에 대한 감정도 좋아진다. 하지만 싫은 경험을 했다면 오래도록 잊히지 않는다는 부작용도 강하다. 때문에 오프라인에서의 경험은 '와' 하는 느낌이 드는 것만으로는 부족하다. '와, 이것 봐라'라는 말까지 나올 정도로, 촘촘하고 완벽하게 설계되어야 한다.

그래서 리테일은 곧 롱테일이고 디테일이다. 아무리 경험 마케팅이 중요해지고 있다고는 해도, 대부분의 오프라인 매장, 리테일이 위기라는 것은 부인할 수 없다. 그럴수록 자신들만이 갖고 있는 장점에 집중하고, 그 장점을 강점으로 만들기 위한 설계가 절실하다.

온라인 안경점이
오프라인 매장을 낸 이유

이제 오프라인 매장만이 줄 수 있는 이유를 갖고 있는 곳은 살아남고, 굳이 그곳에 갈 이유가 없는 곳들은 사라지고 있다. 도리어 오프라인만이 주는 가치는 나이 든 소비자들보다 젊은 세대들이 더 잘 알고 있다. 여러 연구에 따르면 오프라인 매장에서 마음에 드는 경험을 할 수 있다면 더 비싸도 그곳에서 사겠다는 대답이, 전 세대 중 온라인에 가장 친숙한 2000년 이후 출생 세대에게서 제일 높았다. 세계 어디를 가나 핫 플레이스를 주도하는 건 이들이고, 새로운 소비 모델을 만들어내는 것도 이 세대들이다. 이 세대가 만들어내는 오프라인 매장의 모습은 어떨까.

와비파커는 온라인에서 안경을 판매하는 모델을 만들어 급부상한 기업이다. 직접 써봐야 어울리는지 확인할 수 있는 안경을 과연 온라인에서 팔 수 있을까? 오랫동안 온라인이 시도하지 못했던 '안경'이라는 제품의 난제를 와비파커는 이렇게 해결했다.

온라인에서 안경테를 5개 고르면, 모두 견본으로 보내준다. 고객이 5일간 사용 후 마음에 드는 것을 정한 다음 다시 와비파커에 보낸다. 그러면 렌즈를 끼워서 다시 고객에게 보내준다. 이 3번의 배송비는 모두 와비파커가 부담한다. 와비파커 또한 안경이 1개 팔릴 때마다, 안경 1개를 저개발국가에 기부하는 '가치소비'를 표방한다. 저개발국가의 빈곤층에게 안경 제작에 대한 교육도 진행한다.

이런 와비파커가 오프라인 매장을 열었다. 매장에 들어서니 젊은 직원이 너무나 편한 자세로 바지 주머니에 손을 넣은 채 진열대에 기대 서 있었다.

안경을 사면서 물어보았다. "안경을 팔 생각이 없는 거야? 손님이 들어왔는데 그렇게 편하게 있어도 돼?"

그러자 그 직원은 이렇게 대답했다. "안 사도 돼. 그런데 뉴욕에는 놀러 온 거야? 어디에서 왔어? 내가 맞춰볼까?"

"안경 이야기는 안 하고, 왜 여행 이야기야. 여기서 안경을 안 사도 되면 왜 오프라인 매장을 운영하는 거지?"

"우리는 온라인으로 계속 안경을 팔 거야. 그런데 오프라인에서도 사람들을 만날 거야. 긴 시간이 쌓이면 오프라인에서 만난 고객들의 얼굴 형태에 대한 데이터가 쌓이겠지? 그러면 우리가 고객들의 얼굴에 더 잘 맞는 좋은 안경을 만들 수 있지 않겠어?"

이렇게 대답하더니 심지어 내가 안경을 구매하려고 하니 말렸다. "왜 여기서 사? 온라인에서 사면 집까지 배달해주는데. 여기서는 마음껏 껴보면 돼."

그제야 그들이 오프라인 매장을 낸 이유가 무엇인지 확실해졌다. 와비파커는 온라인과 오프라인의 매출을 따로 생각하지 않는다. 오프라인 매장을 '고객의 소비 경험'이라는 넓은 카테고리 안에 속한 하나의 요소로 보는 것이다.

그들이 겨냥하는 소비층도 분명하게 보였다. 와비파커는 미래의 소비를 주도할 MZ 세대에게 맞춘 브랜드가 되고자 하는 것이다. 온라인에 익숙하지만 오프라인의 경험 또한 중요하게 생각하는 섬세한 MZ 세대의 지갑을 열겠다는 것이다.

MZ 세대는 자신들을 '고객으로 깍듯하게 여기는 듯' 하지만 사실은 자신의 지갑에밖에 관심이 없는 과거의 고객 대응법을 싫어한다. 즉 솔직하게 자신들을 드러내고, 자신들의 가치를 잘 전달하는 브랜드에 지갑을 연다. 자신을 고객이 아니라 팬으로, 친구로 여기는 기업에 충성한다. 와비파커는 앞으로 자신들의 브랜드가 오래가기 위해서는 고객을 친구로 만나는 경험이 쌓여야 하고, 온오프라인의 경험을 매끄럽게 연동해야만 한다는 것을 알고 있었다.

또한 와비파커는 자신들의 오프라인 매장이 결국 지역에 스며들어야 한다는 것을 알고 있었다. 와비파커 매장의 내부에는 그 매장이 위치한 곳의 지역적 특성을 반영한 비주얼이 곳곳에 녹아 있었다. 터미널 근처의 매장과 미술관 근처 매장의 느낌이 달랐다.

와비파커가 오프라인 매장을 연 것은 회사의 정체성과 거꾸로 가는 것처럼 보였지만, 결과적으로는 온오프라인 사업 모두 매출이 늘어나는 효과가 나타났다. 와비파커는 앞으로 1000개가량의 오프라인 매장을 늘리겠다는 계획을 갖고 있다.

와비파커만이 아니라 최근에 패션 브랜드들이 하나둘 호텔을 오픈하고 있는 것도 이와 비슷한 이유다. 도쿄의 코에 호텔이 대표적인 예다. 의류는 길어야 쇼핑 시간이 30분을 넘지 않는다. 그 짧은 경험의 시간을 숙박이라는 24시간으로 바꾸는 것이다. 오프라

와비파커는 온오프라인을 별개로 생각하지 않는다.
이들의 오프라인 매장은 매출이 우선인 곳이 아니다.
사람들에게 자신들의 정체성을 더 분명하게 '보여주기' 위한 곳이다.

인의 가치가 무엇인지를 아는 브랜드다.

브랜딩은 곧
추억이다

와비파커와 같이 온라인에서의 강자가 오
프라인에서도 강한 경우를 보면, 사람들과 소통하는 데에 매우 능
하고, 자신들의 고유한 가치를 잘 전달한다는 공통점이 있다. 그런
데 돌이켜 생각해보면 원래 오프라인은 바로 '사람과의 소통' 때문
에 존재하는 곳이었다. 와비파커, 애플 스토어가 대단해 보이는 것
은, 거대한 기업에서는 구현하기 힘든 인간적인 소통에 최선을 다
하기 때문이다.

갓 스무 살에 사회에 뛰어든 젊은 자동차 영업사원이 있었다. 어
느 날 선배로부터 '세일즈를 하려면 옷을 잘 입어야 한다. 자기 몸
에 딱 맞는 옷을 입는 게 좋다'는 조언을 들었다. 너무 비싼 맞춤 정
장 가게를 갈 수는 없어서 나이 많은 재단사가 하는 작은 의상실에
서 옷을 맞춰 입기 시작했다. 그러면서 뛰어난 솜씨를 가지고 있지
만 기성복에 밀려난 재단사들이 많다는 것을 알게 되었다. 그리고
자기처럼 합리적인 가격에 맞춤옷을 입고 싶어 하는 젊은 세대들
이 많다는 것도 알게 되었다. '숨은 장인들과 젊은 고객들을 만나

게 해주면 되겠구나.'

이렇게 맞춤 정장 브랜드를 시작했다. 매장을 열었을 때 2층 테라스를 재단사의 작업실로 멋지게 꾸몄다. 지나가는 사람들이 장인 재단사들의 작업 모습을 감탄하며 보게 만든 것이다. 자신들이 이 일을 시작할 수 있었던 근원이 '멋진 옷'이 아니라 '멋진 옷을 만드는 사람들'이라는 것을 잘 알았기 때문이다. 이 브랜드는 현재 젊은 세대들에게 사랑받는 새로운 정장 브랜드로 성장 중이다. 오래된 재단사의 추억을 살아 있는 것으로 만들었기 때문이다. 결국 모든 디테일의 마지막은 사람이다. 사람을 소중하게 여기고, 사람의 귀한 추억을 담는 그릇이 되고자 하는 곳만이, 긴 세월을 살아남는 곳이 될 수 있다.

멕시코에 있는 딱스코Taxco는 산비탈에 세워진 도시다. 도시가 있을 이유가 없는 곳에 도시가 생긴 이유는 16세기 거대한 은광이 발견되었기 때문이다. 경사가 심한 산비탈에 도시를 세우다 보니 보통의 도시와 같은 모양을 갖출 수 없었다. 스페인어권의 도시들은 옛 로마식으로 중앙에 광장을 짓고, 광장을 중심으로 성당, 관공서와 같은 주요 건물들이 쭉 둘러서는 형태로 설계된다. 그러나 딱스코에서는 이렇게 건물을 지을 수 있는 공간이 안 나온다. 그래서 멕시코의 다른 도시와는 전혀 다른 구조의 도시가 만들어졌다.

딱스코의 모든 건물과 벽들은 흰색만 칠할 수 있다. 그래서 온

도시가 하얗다. 이 흰색과 잘 어울리기 위해 딱스코의 모든 간판 글씨는 오로지 검정색과 빨간색으로만 써야 한다. 서체도 제한된 다. 이 도시의 택시는 오래된 작은 폭스바겐 비틀이다. 경사가 심 하고 길이 너무 좁아서 큰 차가 다닐 수 없다. 이미 독일에서도 단 종된 이 낡은 차만 타고 다녀야 한다. 이 비틀 또한 모두 흰색으로 칠해져 있다.

멕시코는 물론이고 전 세계 어디서도 볼 수 없는 아름다운 모습 을 갖게 된 도시 딱스코. 수많은 여행자들이 끊임없이 이곳으로 모 여든다. 그러나 잠시 머무르는 여행객들에게는 멋진 곳일지 몰라 도, 현지에 사는 이들은 자기 마음대로 할 수 없는 게 많으니 얼마 나 불편할까.

한 여행자가 택시 기사에게 물었다. "이렇게 지켜야 되는 게 많 은데 불편하지 않습니까?" 택시 기사가 말했다. "아무도 불편하게 여기지 않을 겁니다. 왜? 그렇지 않으면 딱스코가 아니니까요." 그 러면서 여행객에게 덧붙였다. "당신은 돌아가면 딱스코에 대해서 뭐라고 할 겁니까? 하얗게 빛나던 도시라고 말하지 않겠습니까? 그러니 우리가 딱스코를 이런 모습으로 지키고 있는 거지요."

오래 사랑받는 곳은 그곳에 사는 사람들에게는 자부심이고, 찾 아오는 이들에게는 변치 않는 추억이다. 고유한 기억이 촘촘하게 스며들어 있는 곳이 되면, 굳이 다가가지 않아도 사람들은 절대 잊 지 않는다.

기호학을 기반으로 하는 마케팅 전문가 로라 오즈월드는 이렇게 말했다.

"경제가 바닥을 치고 있을 때조차 소매업에는 항상 커다란 기회가 있다. 가장 중요한 사실은 소매 개념이 사람 지향적이어야 하고, 그 실행에 앞서 디자인이 훌륭해야 한다는 것이다. 디자인은 당신이 볼 수 있는 아이디어에 관한 것이다."

브랜딩에서 비주얼의 중요성을 계속 강조하는 것은, 그것이 눈에 보이는 기억이기 때문이다. 다시 보고 싶은 기억이기 때문이다. 그렇다면 나는 사람들에게 어떤 기억을 촘촘하게 스며들게 하고 있는가. 이 물음에 대한 답을 찾는다면, 어떤 변화에도 흔들리지 않고 자신의 고객들과 길게 호흡하는 길을 갈 수 있다.

오래 사랑받는 곳은 사람들의 기억 속에
촘촘히 스며들어 추억이 되고 자부심이 된다.
그 기억의 비주얼을 유지할 수 있는가가 핵심이다.

epilogue

자기 일을
오래 하고 싶은 이들에게

백화점에서 근무할 때의 일이다. 백화점은 두 달에 한 번씩 시즌이 바뀌면 그때마다 새로운 아이디어를 내야 한다. 처음에는 기발하고 참신한 아이디어를 내는 것이 즐거웠다. 남들보다 앞선 시간을 산다는 것도 멋지게 느껴졌다. 사람들이 에어컨 앞을 찾는 한여름에 크리스마스를 준비해야 했다. 그렇게 13번의 크리스마스를 만들었다. 빨간 크리스마스, 파란 크리스마스, 하얀 크리스마스……. 수없이 다른 크리스마스를 준비하다 보니 지치기 시작했다. 색다른 아이디어를 내는 것이 힘이 들기 시작했다. 24시간 동안 처박혀 크리스마스와 관련된 영화만 잔뜩 보기도 했지만 도통 에너지가 생기지 않았다.

자신감이 바닥에 떨어진 어느 날, 내가 왜 이 일을 하고 있는지 생각해보았다. 그 이유는 색다른 크리스마스를 보여주는 게 목적이 아니라, 크리스마스는 매년 좋은 것임을 사람들이 느끼게 해주기 위한 것이었다. 그런데 나는 크리스마스를 준비하면서 크리스마스의 행복이 무엇인지 잊고 있었다. 크리스마스는 앞으로도 계속 올 것이다. 사람들이 백화점에 와서 느끼고 싶은 것은 힘들고 어려운 일이 있더라도 이때만큼은 서로 축하하고 즐거움을 나눌 수 있다는 그 마음이지, 독특하고 기발한 크리스마스 장식이 아니었다.

이 책을 쓰면서 그때가 생각났다. 그리고 주변에서 고군분투하고 있는 많은 이들의 얼굴이 마구 떠올랐다. 요즘처럼 변화가 빠른 시대에 힘들지 않은 곳이 어디 있겠는가. 게다가 아직 안정적인 자기 자리를 찾지 못한 신생 업체들은 더 마음이 불안하고 힘들다. 그래서 수없이 흔들린다. 이 말에 혹하고, 저 말에 낚인다. 하루에도 천국과 지옥을 수없이 오고 간다. 그렇게 힘들어하는 이들에게 조금이라도 도움이 되길 바라는 마음이다.

이 책을 통해 하고 싶었던 말은 '오래가려고 흔들리는 거니까 힘들어하지 말자'는 거다. 흔들리는 진통이 흔들리지 않는 전통을 낳는다는 말처럼, 자기에 대한 믿음을 가지고 흔들리다 보면 언젠가 반드시 중심을 찾는 날이 온다. 그러니 빠르게 성공할 수 있는 작은 '방법'들을 기웃거리지 말고, 자기만의 고유한 '생각법'을 찾을 수 있다고 믿어야 한다.

그러려면 무엇보다 '내가 누구인지'를 잘 알아야 한다. 이 책이 말하는 7가지 생각법은 결국 '나는 누구인가'라는 질문에 대한 답을 찾는 전략이라고 할 수 있다.

사람들이 새로운 일을 시작할 때 빠지는 가장 큰 함정은 자기를 모르고 시작한다는 것이다. 나는 아침에 일찍 일어나지 못하는데, 일찍 일어나야만 성공할 수 있는 일을 하는 사람도 있다. 1인 사업가에 맞는 사람이 있고, 여러 사람과 협력하는 게 맞는 사람도 있다. 아는 것이 많고 보이는 게 많은 사람은 스트레스에 취약하다. 의사결정을 할 때, 그 결정으로 오는 위험을 감당하지 못해 스스로 먼저 무너진다. 그런 사람은 오히려 누군가를 돕는 역할을 하는 게 맞다.

그래서 '오래가는 것'을 생각하는 게 중요하다. 오래간다고 생각하면 나에게 맞지 않는 일은 하지 않게 되기 때문이다. '나에게 맞지 않는 일이지만 이 일이 요즘 잘된다고 하니까, 빨리해서 성공하고 접으면 되지.' 이렇게 생각하면 결국 쓰다 만 기획서만 수두룩하다.

최근에 온라인으로 사업하는 게 쉬워지면서 이와 같은 경우를 수없이 본다. 시간을 이겨내지 않고 위대한 것을 만들 수는 없다.

언젠가 제주도에서 강의를 했다. 젊은 사람들부터 나이 드신 분들까지, 수많은 소상공인들이 모였다. 그 자리에서 한 어르신이 이런 말씀을 하셨다.

"저는 국수를 가장 잘 마는 사람이 되고 싶습니다. 80세까지 그런 사람으로 살고 싶습니다. 어떻게 하면 젊은 사람들도 내 국수를 좋아할 수 있을까요?"

이런 사람이 브랜드가 된다. 지금 모습이 낡았더라도 더 오래가려고 하기 때문에 새롭게 변할 수 있고 바뀔 수 있다. "소수의 사람을 오래 속일 수도 있고 많은 사람을 잠깐 속일 수도 있지만, 많은 사람을 오랫동안 속일 수는 없다." 링컨이 남긴 이 말처럼 오래간다는 것은 사람들의 진심을 믿는 일이다. 그런 믿음을 갖고 오늘의 흔들림을 잘 이겨내기를, '자신의 일'을 오래 잘하고 싶은 모든 이들에게 건투를 빈다.

참고문헌

이랑주, 『마음을 팝니다』, MID, 2012

이랑주, 『살아남은 것들의 비밀』, 샘터, 2014

이랑주, 『THE NEW 좋아 보이는 것들의 비밀』, 지와인, 2021

로라 리스, 이희복 옮김, 『시장을 움직이는 비주얼 해머』, 한울, 2018

로라 오즈월드, 엄창호 옮김, 『마케팅 기호학』, 커뮤니케이션북스, 2013

마크 보베, 손일권·윤경구 옮김, 『감성 브랜딩 시민 브랜딩』, 김앤김북스, 2006

미즈노 마나부, 오연정 옮김, 『'팔다'에서 '팔리다'로』, 이콘, 2018

사카모토 게이이치, 정성호 옮김, 『느린 비즈니스로 돌아가라』, 가림출판사, 2002

세스 고딘, 안진환 옮김, 『마케터는 새빨간 거짓말쟁이』, 재인, 2007

세키노 요시키, 이정환 옮김, 『우리는 왜 본질을 잊는가』, 나무생각, 2017

이와이 타구마·마키구치 쇼지, 이수형 옮김, 『최고의 브랜드는 어떻게 성장하는가』, 다산북스, 2016

이정동 외, 『축적의 시간』, 지식노마드, 2015

조나 버거, 정윤미 옮김, 『컨테이저스』, 문학동네, 2013

조영태, 『정해진 미래 시장의 기회』, 북스톤, 2018

테라오 겐, 『가자, 어디에도 없었던 방법으로』, 아르테, 2019

하마구치 다카노리·무라오 류스케, 이동희 옮김, 『작은 회사의 돌파구, 파워 브랜드 전략』, 전나무숲, 2008

길윤홍, 「가치소비 현상에 따른 브랜드 아이덴터티 강화를 위한 표현 방안 연구」, 《Design Research》, 한국디자인리서치학회 학술지 Vol.3 No.2. 통권 8, 2018. 9. 30.

사진 출처

"똑같은 제품도 색을 바꾸면 매출이 10배로 달라진다"
국내 최고의 비주얼 전략가가 말하는
성공과 행운을 부르는 색의 비밀!

사람의 욕망을 움직이는 10가지 색의 법칙

위닝 컬러

이랑주 지음

컬러의 마법을 이해하면 생겨나는 새로운 에너지!
과학적이면서 실용적인, 색에 대한 단 한 권의 책